**MATERIALS
INFORMATION**

Prologue

나의 반성

내가 건축의 길로 들어선 것은 순전히 건축에 대한 오해 때문이었다.

형제 네 명의 재수, 그 대학입시 공부 8년을 앞서 봐 왔기에 나에게 공부란 고통이며 빨리 끝내고 싶은 대상이었다. 학력고사 결과, 나의 선택지는 H대 의대, Y대 치대 혹은 건축과였다. 의대는 전문의까지 10년이나 더 공부를 해야 한다는 말에 망설임 없이 건축과를 선택했다. '그림만 잘 그리면 된다'며 손재주 하나 믿고 택했던 것이다. 그렇게 짧은 공부를 위한 나의 큰 오판으로 건축과의 인연이 시작되었다.

졸업반이 되어서야 설계를 하기 위해선 건축사 자격시험에 합격해야 한다는 사실을 알게 됐다. '이것만 끝내면 이제 내 인생에 더 이상의 공부는 없다!' 오로지 이 생각만으로 미친듯이 달려 자격을 취득했다. 이론대로라면 이건 내 마지막 공부였어야 한다. 그러나 무수히 많은 시간이 흐른 지금, 여전히 언제쯤 이 기나긴 공부가 끝이 날까 고군분투하는 나를 발견한다.

'그때 의대를 갔으면 10년만 공부하면 됐는데…' 이 또한 어리석은 오해임을 알면서도, 종종 이런 생각을 할 만큼 배움의 끝이 보이지 않는다. 세월을 통해 서서히 형성된 '배우는 것은 결론이 아닌 과정'이라는 생각으로 건축과 엮인 수많은 분야를 아직도 공부하고 있다. 그중 건축과 떨어질 수 없는 동료이자 현재 가장 관심 있게 연구하고 있는 조경을 만나고자 한다.

성장을 위한 개발, 다수를 위한 소수의 희생, 양극화, 차별… 물질적 가치관과 그 지배구조는 지구를 정복의 대상으로 바라봤다. 그 결과 전례 없는 발전을 이룬 지금, 인간은 지구에 가장 해로운 존재가 되었다. 우리한테는 무엇보다 지금까지와 다르게 세상을 바라보는 가치관이 필요하다. 힘의 논리가 아닌 서로의 공존을 우선으로 두어야, 지구의 균형도 조금씩 제자리를 찾아갈 수 있을 것이다.

자연은 혜택이다. 인간 역시 그 혜택을 누릴 때 가장 행복하다. 조경학은 인간과 조형물 사이의 생태계를 조성하는 역할로, 식물이라는 생명을 다루는 학문이다. 40년을 건축과 같이한 만학도로서, 인간과 자연 사이의 공생이 얼마나 중요한지 깨닫게 되었다. 살아 움직이고, 성장하고, 피고 지며 끈질기게 지속되는 생명을 디자인하고 삶 속에 조화롭게 녹인다니. 얼마나 고귀하며 본질적인 일인가.

하지만 안타깝게도 조경은 꽤 오랜 기간 건축의 부산물로 치부되었다. 나 또한 법으로 강제된 조경 공간만 확보하기 급급했다. 대지의 흙조차 관리상의 이유로 콘크리트로 덮어버렸다. 건물 이외 다른 부분은 부수적으로 취급하며 최소한의 자연도 허용하지 않는 파괴자로 군림해 왔던 것이다.

물질이 그 어떤 가치관보다 앞서는 요즘, 조경은 가장 순수한 시각으로 자연을 대변할 수 있는 학문일 것이다. 이러한 분야를 단 몇 페이지로 다룬다는 건 불가능하지만 오랫동안 이 하찮은 손으로 식물을 다루고 죽여 온 나의 반성으로 펜을 든다.

경외하는 마음으로 생명의 이야기를 들어본다. 나의 무지로 설 자리를 잃었었던 식물들에게 용서를 구하며, 조경이라는 위대한 학문이 더 많은 이들과 가까워지길 바란다.

-
2023년 3월
발행인 윤재선

발행 배포_에잇애플㈜
First published and distributed by 8apple ltd.

GARM magazine

에잇애플 주식회사
06580 서울특별시 서초구 서래로6 B102
T: 02-537-1536
F: 02-537-1532
E-mail: info@8apple.kr
garmmagazine.com
ⓞ garm_magazine
ⓕ garmssi

감20 실외 조경
GARM ISSUE 20
LANDSCAPE I: Outdoor

초판 1쇄 인쇄 2023년 3월 15일
초판 1쇄 발행 2023년 3월 20일

발행인_ 윤재선
에디터_ 정경화, 정신오, 박우진 | 디자인_ 그래픽스튜디오베이스
사진_ 이수연 | 교정·교열_ 하명란

발행처_ 에잇애플(주)
출판등록 2017. 4. 14.(제2017-000078호)
ISBN 979-11-89485-20-7 | 979-11-89485-19-1(세트)

GARM

감20
실외 조경

GARM ISSUE 20
LANDSCAPE I:
Outdoor

garmSSI

사람의 손길로 완성하는 자연

사람과 건물로 촘촘하게 채워진 도시에서도 자연은 좁은 틈을 비집으며 존재감을 과시한다. 특히 다세대 주택이 모여 있는 동네라면 창틀부터 옥상, 심지어는 대문 위까지 예상치 못한 곳에서 화단을 발견할 수 있다. 좁은 면적안에 정성스럽게 식물을 가꾼 모습을 보고 있으면 어떻게 해서든 자연을 가까이 두려는 마음이 엿보여 갸륵하다가고 녹지를 위해 허락된 땅이 너무도 옹색해 숨이 막힌다. 다행스러운 것은 녹지가 기후 위기의 대안으로 떠오르면서 최근 그 면적이 넓어지고 있다는 점이다. 이제 정부는 물론 개인 차원에서도 자연과 함께 살아가는 방법을 고민한다. 이러한 움직임의 선두에는 자연과 도시의 공존을 고민하는 조경가가 있다.

국내에서는 조경을 '식물을 이용해 건물 주변을 꾸미는 작업' 정도로 여기는 경우가 많다. 조금만 자세히 들여다보면 실상은 그렇지 않다는 것을 금세 알 수 있다. 조경은 도시나 건물의 맥락을 살펴 풍경을 만드는 작업이다. 건축과 마찬가지로 공간을 계획하지만, 재료와 결과물이 다르다. 흙이나 돌, 식물과 같이 자연에서 나고 자란 재료를 주로 사용하고, 오브제가 아닌 바탕을 만들며 설계부터 시공, 관리의 모든 과정에 참여한다. 장식으로 치부되는 이유는 아마도 조경을 이루는 여러 요소들이 처음부터 그 자리에 존재했던 것처럼 자연스럽게 부지에 녹아들어서일 것이다. 여덟 번째 시즌의 주제로 단일 재료가

아닌 산업 전체를 다루는 것 역시 조경의 요소들이 서로 긴밀하게 관계를 맺으며 존재하기 때문이다.

편집팀은 산업을 올바르게 이해하기 위해 가장 먼저 조경의 3대 요소로 꼽히는 식물, 포장재, 시설물을 살폈다. 식물을 위한 생태계뿐 아니라 사람에게 쾌적한 환경을 마련하기 위해 고민하는 모습을 보며 조경이 얼마나 많은 것에 관여하는지 알 수 있었다. 또 녹지를 이용자, 공간의 성격에 따라 사적인 정원, 반공공성을 띠는 건축물의 조경 그리고 모두를 위한 공원 세 가지로 구분하고, 각각의 조성 과정을 안내했다. 일상에서 만나는 녹지가 어떤 과정을 거쳐 탄생했는지 시간을 갖고 되돌아보자.

취재 과정에서 여러 조경가를 만나며 공통으로 느낀 것은 자연 앞에 겸손하다는 점이다. 식물의 고사를 '돌아가셨다'고 표현하며 존중을 드러내는가 하면, 공간이 완성된 후에도 틈틈이 현장을 방문해 성장 과정을 살핀다. 식물을 포함한 모든 살아있는 생명을 따뜻한 시선으로 바라보고 꾸준히 돌보는 모습을 들으며 그들의 손길이 더 멀리까지 닿을 수 있기를 응원하게 됐다. 이런 마음이 책을 읽는 당신에게 닿기를 바라며 <조경> 편을 시작한다.

—

책임에디터 정신오

다양한 질감의 조경
조경가는 자연 재료를 이용해 아름다운 경관을
만들어낸다. 녹지라는 이름으로 통칭되어 미처
눈치채지 못했던 조경 공간의 텍스처를 경험해 보자.

바닥을 평평하게 만들고, 자갈과 돌, 바위로
곡선을 더한 일본식 암석 정원.

갈대가 바람에 일렁이는 동탄2신도시
워터프론트의 가을 풍경.

제주 베케 정원 전경. 나뭇가지와 잎, 풀이
점·선·면을 만들며 공간에 깊이감을 더한다.

1
STORY OF
LANDSCAPE
ARCHITECTURE

©jongohk

©임안나

Contents

©Yekun Corporation

Contents

©Jongohk

1

STORY OF LANDSCAPE ARCHITECTURE

도시의
재료가 되어
돌아온 자연

**19세기, 급격한 도시화가 시작되면서
자연이 무분별하게 훼손됐다. 공기의
질은 나빠지고 시민이 위락을 즐길
장소는 사라졌다. 더 나은 생활을 위해
시작된 도시화가 정작 인간의 삶의
반경을 옥죄인다. 혼란해진 도시를
구하고자 도시민은 모두를 위한
공간으로써 다시 자연을 찾기 시작한다.**

-
글 박우진

만들어진 자연

산업혁명이 일어나면서 도시에는 각종 건물과 공장이
빈틈없이 들어찼다. 과거와 달리 인공 시설로 빽빽한 환경에
시민은 금세 피로감을 느끼고 삶의 질을 높일 수 있는 새로운
공간적 대안을 요구한다. 대중의 요구에 영국에서부터 공공
공원Public Park이 조속히 등장한다. 1847년 영국의 조셉
팩스턴Joseph Paxton이 조성한 버컨헤드 파크Birkenhead Park가
그 첫 번째다. 그는 수목이 많은 지역과 잔디광장, 그리고
산책로를 균형적으로 나눠 시민 모두가 차별 없이 이용할 수
있는 열린 공간을 조성했다. 불특정 다수의 행태를 고려해
생태 공간을 구획한 것은 이제껏 찾아볼 수 없는 시도였다.
모두를 위한 공간이 현실화 되었지만, 시민들은 조원가가
원예에 집중하여 조성한 대규모 공원에 아쉬움을 표했다.
규모와 이용객의 범위가 넓어진 만큼 소규모 정원과는 다른
점이 필요했다. 개인의 정원을 조성하는 조원가가 아니라
공공을 위해 도시의 내외부까지 다룰 수 있는 새로운 유형의
전문가가 요구되기 시작한다.

조경가Landscape Architecture의 등장

버컨헤드 파크를 보고 큰 자극을 받은 사람이 있다. 1858년
뉴욕 센트럴 파크Central Park, 1873 설계현상공모전에 본인을
'Landscape Architecture(경관 건축가)'라고 수식한
그는 현상공모안 그린스워드Greensward를 출품하고 이내
당선되어 조성 책임자로 임명된다. 그의 이름은 프레드릭
로 옴스테드Frederick Law Olmsted(이하 옴스테드), 오늘날
조경의 아버지로 불리는 이다. 조경의 역사는 옴스테드가
센트럴 파크를 조성한 이후부터 페이지가 차곡차곡 쌓이기
시작한다.

　　센트럴 파크의 조성을 맡은 옴스테드는 시민의 사회적
관계와 심리적 위안을 공원의 궁극적 가치로 내세웠다. 그
모습은 원예에 집중한 유럽의 개인 정원과는 확연히 달랐다.
규모만 해도 남북으로 약 4km 이상을 뻗어나갈 정도로
광활했고, 그 안에 수많은 초목이 채워졌다. 그는 드넓은
녹지에 시민의 레크리에이션 활동을 위한 프로그램부터
보행로와 차량 동선 설계까지 원예를 넘어 공공을 위한
도시의 시설을 조율했다. 1873년 완공된 센트럴 파크의
모습과 개념은 훗날 도시공원의 표본이자 조경의 기틀이
되었다. 공공을 위한 공원을 조성함으로써 조경의 개념을
다진 그는 이후에도 꾸준히 실무나 강의를 통해 새로운
공원 체계를 제안하고 조경의 정체성을 구축했다. 덕분에
미국에서는 1899년, 조경가협회 ALSAAmerican Society of

Landscape Architecture가 만들어졌고 1900년에는 하버드 대학교에 최초의 조경학과가 설립되면서 독립된 학문으로 인정받기에 이른다.

도시의 재료, 조경

도시는 계속해서 새로운 문명을 받아들이며 고도의 발전을 거듭한다. 덕분에 도시민의 생활수준이 높아지고 여가도 늘어났다. 그 속에서 공원녹지와 같은 조경 시설은 도시의 숨구멍이자 시민의 휴식처로 자리 잡았다. 자연이 제공하는 생활의 편익은 녹색 인프라가 되어 시민을 불러 모았고, 도시의 환경을 변화시키기 시작한다. 조경이 아름다운 경관이나 레크리에이션 시설을 제공하는 복지 공간을 넘어 도시를 건설하는 데에 필수 재료로 자리 잡는 순간이다.

2000년대에 들어서 주목받은 랜드스케이프 어바니즘Landscape Urbanism이 조경과 도시의 긴밀한 관계를 잘 설명해 준다. 랜드스케이프 어바니즘은 도시설계 이론의 일종으로, 도시를 건축물이 배치된 정적인 모습이 아닌 역동적인 경관의 개념으로 바라본다. 이는 21세기 도시의 맥락에서 조경을 재정의하는 시도가 되어 도시와 조경 사이의 경계를 허무는 계기가 된다. 대표적으로 미국의 조경가 제임스 코너James Corner는 2009년 맨해튼을 가로지르는 하이라인The High Line, 2009을 선보이며 그 정체성을 다진다. 하이라인은 버려진 고가 철로에 꽃과 나무를 심고 벤치를 설치해 녹지로 재이용한 1.6km의 선형 공원이다. 개발된 도시와 이를 가로지르는 버려진 철로를 공원으로 연결함으로써 조경이 도시의 문제를 해결할 수 있음을 보여준 좋은 사례이다.

과거 센트럴 파크를 조성할 당시 옴스테드는 "지금 이곳에 공원을 만들지 않는다면 100년 후에는 이만한 크기의 정신병원이 필요할 것"이라고 말하며 공원을 통해 도시의 환경을 변화시키고자 했다. 우리나라도 현재 「건축법」 제42조 1항에 따라 대지면적이 200m² 이상이라면 특별한 면제 사항을 제외하고는 반드시 대지에 조경을 조성하도록 한다. 이처럼 국가도 조경을 통해 인공적인 건축물과 자연 중 어느 한쪽으로 편향되지 않도록 조화를 이루어 내 시민을 위한 쾌적한 도시환경을 조성하고자 노력한다.

조경이 떠안은 숙제

인공물이 과도하게 자연을 뒤덮었다. 인간에게 극도로 편리한 환경을 만들고자 개발을 이어온 도시는 생태계 혼란과 기후 위기를 겪으며 다시금 자연과 함께 살아갈 수 있는 길을 찾고 있다. 흐트러진 생태계를 복원하고 재생시켜야 할 필요성이 대두된 것이다. 이에 자연을 다룸과 동시에 쾌적한 생활 환경 조성을 목표로 하는 조경 분야가 중요한 역할을 떠안았다. 이제는 정부에서도 오래된 인공물을 제거하고 재개발하는 것보다 기존의 도시를 본래의 자연 상태로 되돌려 놓는 도시재생에 집중한다. 최근 낙후된 시설을 공원으로 재생하거나 상업 공간 또는 반 공공의 건축물에 조경 공간을 마련하는 이유도 이와 같은 맥락이다. 생태학적으로 지구를 구성하는 생물 중 하나인 인간에게 본래의 터였던 자연이 곁에 있어야 하는 것은 당연한 일이다. 인간과 건축물 그리고 자연이 어우러진 사회를 꿈꾸면서 조금씩 변화가 일어나고 있는 지금, 조경이 도시에서 핵심적인 역할을 맡으며 새로운 도약을 준비하고 있다.

녹지는 어떻게
도시를 구할까?

도시의 숨통을 조이다

우리나라는 고도의 발전을 이룩하며 2012년 도시화 비율이
90%를 넘었다. 국토부에서 공개한 '2021년 도시계획 현황 통계
조사'에 따르면 우리나라 국토에서 도시가 차지하는 비중은
16.7% 정도지만 도시에서 생활하는 인구는 전체의 91.8%다.
10명 중 9명 꼴로 면적에 비해 인구 밀집도가 굉장히 높다. 그러나
단기간의 성장은 여러 환경 문제를 수반했다. 대표적인 것이
대기오염과 도시 열섬 현상, 그리고 도시 홍수다.

대기오염
배기가스, 매연, 프레온가스 등 일상에서 무분별하게 배출되는
기체는 오늘날 대기오염을 유발하는 주범으로 꼽힌다.
환경부에서 통계한 2019년 대기오염 물질 배출량을 살펴보면
질소화합물이 전체의 26%로 가장 큰 비중을 차지했고,
휘발성유기화합물이 24%, 일산화탄소가 18%로 뒤를 이었다.
질소화합물은 빛과 광화학 반응[1]을 일으키고, 폐 기능을
저해하는 오존을 생성한다. 휘발성 유기화합물과 일산화탄소
역시 공기 중에 부유하면서 식물 잎에 부착되어 잎의 기공을 막고
햇빛을 차단하여 식물의 생육을 방해한다.

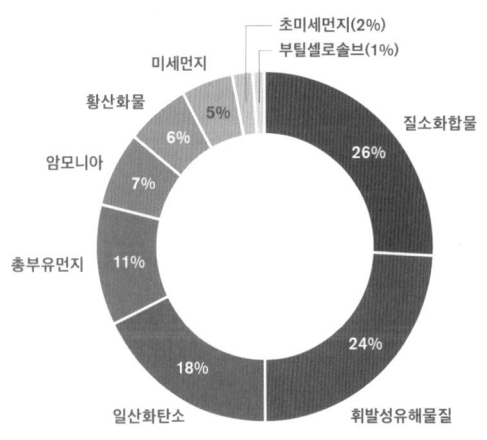

· 2019년도 대기오염 물질 배출량 ·

- 질소화합물 26%
- 휘발성유해물질 24%
- 일산화탄소 18%
- 총부유먼지 11%
- 암모니아 7%
- 황산화물 6%
- 미세먼지 5%
- 초미세먼지 2%
- 부틸셀로솔브 1%

도시 열섬 현상
산업화로 냉·난방 시설, 자동차, 공장 등의 사용이 늘면서 인공 열
방출량이 급격하게 증가했다. 그 결과 도심의 기후가 주변보다
3~5℃ 높아지는 도시 열섬 현상이 나타난다. 스마트서울
도시데이터 센서(S-DoT)를 통해 서울 시내 11곳과 산지 6곳,
한강변 5곳의 기온을 살핀 결과 여름철 도심이 산지보다 2.32℃,
강변보다는 1.08℃ 높았다. 한번 오른 열기는 쉽게 사그라지지
않고 열대야로 이어진다. 기상청에서 통계한 '1973~2020
연도별 폭염과 열대야 일수'에 따르면 2011년부터 2020년까지
10년간 발생한 폭염, 열대야 일수는 이전보다 3~4일 더 많았다.
연간 폭염일수가 전국 평균 31일로 가장 많았던 2018년에
서울은 16.6일이라는 긴 기간 동안 열대야를 보내기도 했다.

도시홍수
2020년 여름, 우리나라는 1973년 이래 가장 긴 장마를 보냈다.
이례적인 기상 현상으로 전국에서 많은 피해가 발생했고, 특히
도심이 극심했다. 도심은 땅의 대부분이 아스팔트로 덮여 있어
우수를 충분히 흡수하지 못한다. 포장 면적이 적은 농촌지역에서
강수량의 약 45%가 땅에 흡수된다면, 도시지역에서는 25%
만이 지하로 침투한다. 스며들지 못한 빗물은 아스팔트를
뒤덮으며 상가나 터널, 주차장과 같이 저지대에 위치한 시설을
침수시킨다.

· 2019년도 대기오염 물질 배출량 ·

지역	비율(%)	불투수면(km²)	행정구역(km²)
서울	51.4	311.6	605.7
부산	25.8	202.6	784.0
광주	23.8	118.7	498.4
인천	20.0	219.6	1099.8
대전	19.8	106.7	539.9
대구	19.5	171.9	880.5
울산	11.8	125.2	1062.6

도로, 가스, 전기와 같은 인프라는 인구가 밀집된 도시에서 필수적으로 갖춰야 할 조건이다. 덕분에 쾌적한 생활을 누리지만 사용 과정에서 많은 에너지를 소비하고, 오염물질을 배출하면서 '친환경'이라는 숙제를 안겨다 주었다. 기후 위기가 도시를 덮친 상황에서 녹지는 문제를 해결하는 유일한 대안이 된다.

글 정신오

도시오염의 해결사, 녹지

환경문제를 해결하는 가장 확실한 방법은 오염원을 제거하는 것이다. 그러나 일상에서 기반 시설을 완전히 배제하기는 현실적으로 불가능하기에 녹지라는 새로운 돌파구를 마련했다.

산림청과 국립산림과학원의 연구에 따르면 나무는 한 그루당 미세먼지 35.7g, 이산화황 18.6g, 이산화질소 40.3g, 오존 35.7g을 흡수한다. 수목으로 1ha의 숲을 조성하면 연간 168kg의 대기오염 물질을 흡수·흡착하는 셈이다. 이에 정부에서는 공해나 재해 우려가 높은 지역에 녹지를 마련해 환경의 영향을 최소화하려는 시도를 보인다. 단편적으로 경기도에 위치한 시화국가산업단지에 완충녹지를 조성하고 난 후 주변 주거단지의 미세먼지 농도가 산업단지보다 약 12% 줄었다.

· 나무 한 그루 당 연간 대기 오염물질 흡수량(g/년) ·

미세먼지 (PM10)	이산화황 (SO$_2$)	이산화질소 (NO$_2$)	오존 (O$_3$)
35.7	18.6	40.3	35.7

수목은 나뭇잎을 통해 대기의 열을 흡수해 열섬 효과를 줄이기도 한다. 가로수로 자주 쓰이는 버즘나무의 잎 1m^{2}가 1일 평균 흡수하는 대기열의 양은 664kcal다. 면적이 약 50m^{2}인 공간에 냉방장치 8대를 5시간 가동하는 것과 같은 효과이다. 시민들에게 쉼터를 제공하고, 황량한 건물선을 해소하기 위해 조성된 도시숲 역시 여름 한낮의 평균 기온을 3~7℃ 완화시킨다.

지금 우리 도시는

도심에서 녹지가 차지하는 면적은 1만 2592km^{2}로 전체의 70.8%에 해당한다. 큰 비중이지만 정작 인구가 가장 많이 밀집된 서울은 15.7km^{2}로 전체의 3% 채 되지 않는다. 2022년에는 도시 전체의 녹지가 무려 30km^{2}나 줄어들기도 했다.

그간 우리는 생활의 편리함에만 치중했던 탓에 녹지가 사라지는 것이 환경에 어떤 영향을 미치는지 진지하게 고려하지 않았다. 대기오염, 열섬 현상, 도시 홍수와 같은 이상기후 현상은 결국 인간의 무관심이 불러온 결과다. 지금이야말로 도심 속 녹지의 중요성을 인식하고 이를 넓히려는 제도와 지원을 마련해야 할 때다.

1) 광화학 반응: 빛을 흡수하는 과정에서 나타나는 화학반응으로 분해, 합성, 중합, 산화, 환원 등이 있다.

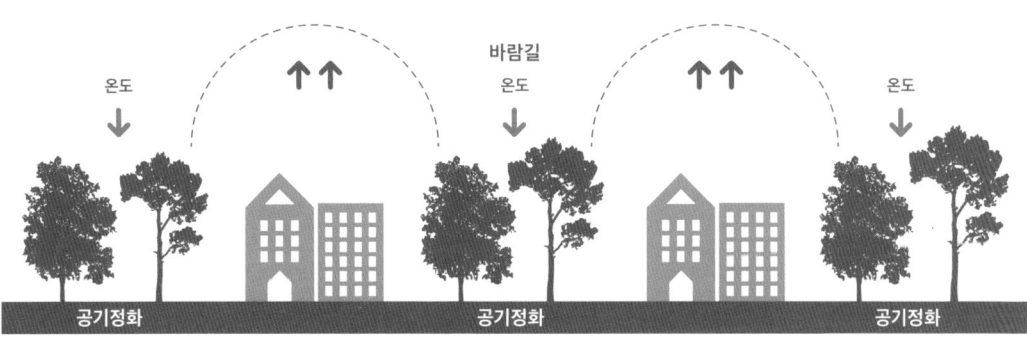

온도 ↓　바람길 ↑↑　온도 ↓　바람길 ↑↑　온도 ↓

공기정화　　공기정화　　공기정화

조경을 완성하는
네 가지 환경 요소

건축과 조경의 가장 큰 차이는 살아있는 재료, 바로
식물을 이용한다는 점이다. 주어진 환경과 긴밀하게
관계를 맺으며 자라는 식물의 특성으로 인해 조경은
건축보다 더 많이 환경을 고려한다. 때로는 조경이
변화시키고, 때로는 조경을 변화시키는 네 가지
환경 요소를 소개한다.

-
글 정경화

기후

기후는 특정 장소에서 매년 비슷한 시기에 나타나는
일반적인 대기의 상태를 뜻한다. 날씨가 한순간의 대기
현상이라면, 기후는 온도와 습도, 강우량, 바람 등의 기상
현상이 오랜 기간 축적된 결과다. 우리나라는 여름에는 덥고
습하며, 겨울에는 춥고 건조한 기후를 가졌다.

　　더운 지방과 추운 지방의 집이 서로 생김새가 다르듯이
식물도 기후에 따라 종류가 달라진다. 이렇게 기후에 따른
식생[1]의 분포를 산림식생대라 하고, 우리나라는 크게
난대지역과 온대지역으로 나뉜다. 난대지역은 연평균
기온이 14℃ 이상인 구역으로, 따뜻하고 강수량이 많아
삼림이 열대와 온대의 경계에 있다. 해발 700m 이하의
제주를 비롯해 거제, 남해, 해남 등 남해안 연안 지역이
여기에 속하고, 주로 상록활엽수가 자생한다. 온대지역은
연평균 기온이 5~14℃인 지역으로, 우리나라 산림식생대의
대부분을 차지한다. 영역이 넓은 만큼 온대남부와 온대중부,
온대북부로 지역이 한 차례 더 나뉜다. 경상남도와
전라남도가 속한 온대남부는 단풍나무, 대나무류 등이
자생하고 온대중부는 충청도부터 경기도, 강원도까지 가장
넓은 영역을 차지한다. 온대북부는 경기도 북부와 강원도
산지가 속해 있으며 내한성이 강한 낙엽활엽수가 주로
분포한다. 그러나 최근에는 기후변화가 빠르게 진행되면서
식생대가 전체적으로 위쪽으로 이동하는 추세다.

일조

식물에게 햇빛은 물, 이산화탄소와 함께 광합성에 필요한
필수 에너지원이다. 그러나 필요로 하는 일조량이 식물마다
다르다. 조경학에서는 그 정도에 따라 식물을 양수와 음수,
중용수로 구분한다. 양수는 햇빛을 충분히 받아야 잘 자라는
식물이다. 하루에 3~5시간 정도는 햇빛을 쐬어야 하고, 대개
잎이 좁고 두꺼우며 미세한 털이 난 것이 특징이다. 반면,
음수는 강한 햇빛을 계속 받으면 생기를 잃는다. 음지를
좋아한다기보다는 그늘에서도 잘 자라서 비교적 키우기
쉬운 나무다. 잎의 수가 적지만 폭이 넓고 두께가 얇다.
그 밖에 빛에 덜 민감해 어느 쪽에도 크게 영향을 받지 않는
것을 중용수라 한다.

조경가들은 식재를 계획할 때 가장 먼저 음영을
살핀다. 햇빛이 드는 위치와 시간을 분석해 모든 영역을
양지와 음지, 반음지로 구분하고 각각에 적합한 식물로
구성한다. 예를 들어 그림자가 지는 건물이나 큰 나무의
하부에는 음수를 키워야 잘 자란다. 뜨거운 햇볕에 취약한
식물이라면 빛이 강한 서향은 피해 심어야 한다.

빛의 양뿐 아니라 파장도 중요하다. 특히 가시광선
중에서도 파장이 640~690nm로 긴 붉은색 빛과
420~470nm로 낮은 파란색 빛을 받았을 때 성장과 번식이
활발하다. 이러한 파장의 빛만 비춰 실내에서도 식물이 잘
자라도록 한 것이 식물생장등growth light이다.

지형

조경이 땅을 다루는 일인 만큼 지형은 기후와 더불어
가장 중요한 요소로 꼽힌다. 세계 각국의 정원이 서로
다른 모습으로 발전한 것도 지형의 영향이 컸다. 일례로
이탈리아는 국토의 77% 가까이가 산지와 구릉지로
이루어져 있어 경사지를 여러 단으로 나눠 테라스처럼
구성하는 노단식 정원이 발달했다. 반면 프랑스는 지형이
넓고 평탄한 덕분에 중심축으로부터 좌우 대칭을 이루고
비례가 정확한 평면기하학식 정원을 발전시킬 수 있었다.
　　만약 주어진 지형에 제약이 많다면 개조하면 된다.
조경 공사를 하다 보면 자연 배수나 토심 확보, 방음이나
방풍, 프라이버시 등 여러 이유로 지형을 바꾸게 된다.
이렇게 목적에 맞춰 지형을 조정하는 것을 정지계획이라
한다. 지형을 바꿀 때는 흙을 쌓는 성토, 깎아내는 절토, 작은
언덕을 만드는 마운딩 등 다양한 기술로 최대한 자연스럽게
조성한다. 또한 배수를 위해 바닥면은 2% 이상의 기울기를
갖도록 하고, 성토하는 경우에는 최대한 가까운 주변의
표토[2]를 이용한다.

토양

식물은 생장에 필요한 영양분을 뿌리로 흡수해 얻는다. 조원가가 식물에게 해줄 수 있는 것은 땅을 갈아주는 것뿐이라고 말할 정도로 토양은 중요한 공급원이다. 수종에 따라 약간의 차이는 있지만, 식물에게 이상적인 토양은 45%의 광물, 5%의 유기물, 나머지는 공극으로 이루어진 것이다. 공극은 물과 공기가 스며들 자리를 마련해 수분을 흡수하고 뿌리호흡을 할 수 있도록 한다.

토양이 좋지 않으면 개량하는 작업이 필요하다. 모래와 자갈이 많은 토양은 보수성이 낮고 양분을 흡착하는 성질이 약하기 때문에 점토나 퇴비를 넣어준다. 진흙이 절반 이상인 토양은 점착력이 강하지만 공기나 물이 잘 통하지 못하므로 깊은 곳까지 파내어 흙을 솎아 준다. 이 과정에서 모래를 적절히 혼합하거나 퇴비, 석회를 넣어 공극을 늘려주기도 한다. 식물을 심기 전에 주기적으로 흙을 갈아 공기를 뒤섞으면 통기성을 높이는 것도 가능하다.

토양의 산성도는 뿌리가 영양분을 흡수하는 데에 영향을 미치는 요소다. 대부분의 식물은 pH5.5~7의 약산성 또는 중성에서 잘 자란다. 이와 다르더라도 달걀 껍질이나 석회(탄산칼슘)를 넣어 그 정도를 낮추거나 피트모스, 유황, 산성 물질이 첨가된 비료를 섞어 산성도를 높이는 방법으로 조절이 가능하다.

1) 식생: 어떤 일정한 장소에서 모여 사는 특유한 식물의 집단.
2) 표토: 질이 부드러워 갈고 맬 수 있는 땅 표면의 흙.

조경가로 산다는 것

개발에 혈안이 되어 있는 현대사회에 자연과의 공존을 강조하는 조경가의 목소리는 큰
호응을 얻지 못한다. 조경을 원예나 미감을 위한 서비스 정도로 여기는 잘못된 시선도
도무지 사라지지 않는다. 조경가라는 직업이 등장한지 150년을 훌쩍 넘겼지만, 대중이
아는 그들의 역할은 여전히 조막만 하다. 남모르게 우리의 삶을 바꾸고자 노력해온
조경가는 정확히 어떤 일을 하는지 전문가에게 직접 들어본다.

-
글 **김아연**(서울시립대학교 조경학과 교수)
사진 **김아연**(별도 표기 외)

조경의 대상

조경은 경관을 이용해 새로운 세계를 구축하는 디자인 분야다. 이때 경관은
자연환경과 인문환경 모두를 포함한다. 결과적으로 조경은 자연과 인간, 생태와
도시의 아름답고 건강한 공존을 지향하고 인간이 자연과 문화, 생태적으로 관계
맺을 수 있는 공간 또는 시각 표현물을 만든다.

　　2013년에 제정된 「조경헌장」에서는 조경의 가치와 대상을 분명하게
드러낸다. 조경이 다루는 공간은 주택정원에서부터 정원박람회의 작가정원, 나아가
국가 정원에 이르는 민간 또는 공공 정원, 도시공원과 자연공원, 식물원과 수목원,
가로와 광장, 사적·명승, 전통 정원과 같은 기념물과 문화재, 유원지나 스포츠
시설 등의 여가 공간, 농촌·산촌·어촌의 경관과 마을 환경, 하천과 습지, 해안
등의 건물 바깥 대부분이다. 결국 조경가의 일은 작은 정원에서부터 지구적 규모의
생태계까지 다양한 유형과 스케일의 공간을 연구하고, 이를 토대로 계획, 시공,
관리하는 일련의 과정인 셈이다.

조경가의 작업

'Landscape Architect(조경가)'라는 호칭을 본격적으로 사용하기 시작한
것은 뉴욕의 센트럴 파크가 등장하면서부터다. 당시 설계를 맡은 프레드릭 로
옴스테드(이하 옴스테드)는 열악한 도시환경으로 인한 사회 문제를 해결하기 위해
시민들이 일상적으로 자연을 접할 수 있는 대규모 공원이 필요하다고 주장했다. 이
주장에서도 알 수 있듯 조경은 자연을 만나는 방법을 공간과 경관의 언어로 창조해
도시의 환경·사회적 문제를 해결해 왔다. 옴스테드의 계보를 이어받은 현대의
조경가들은 도시에서 다양한 역할로 활동한다. 특히 복합 생태계인 도시에서
다양한 분야를 조율하는 마스터 플래너Master Planner 혹은 총괄 기획가의 역할로
대두된다. 일례로 뉴욕의 하이라인에서는 조경가가 마스터 플래너이자 총괄
디자인을 맡으며 건축가와 엔지니어, 식재 디자이너 그리고 시민단체와 지방정부
사이에서 업무를 조율하고 설계의 개념이 구현되기까지 전 과정을 총괄했다.

여의도 샛강생태공원.

청계천 역시 조경가가 총괄 기획가로서 엔지니어, 도시 전문가, 블록 조경가 그리고
행정가들과 협업한 결과다. 생태도시를 지향하는 전주시는 국내에서 최초로 총괄
조경가를 임명하여 도시 전체의 생태와 오픈스페이스Open Space에 체계적으로
접근하기도 했다. 이처럼 조경가는 다양한 분야의 전문가와 행정가, 그리고 시민
사이에서 이견을 조율하며 공간을 완성하는 감독의 역할을 한다.

  조경가는 기획부터 시공 그리고 유지관리까지 전 과정에 참여하지만, 설계에서
가장 빛을 발한다. 전통적으로 조경 설계는 대상지보다 넓은 범위의 자연생태환경과
인문사회환경을 조사하고 분석하는 것으로 시작한다. 그 결과를 바탕으로 보존해야
할 생태계와 개발 가능한 땅을 도출하는 적지 분석, 대상지의 체계와 구조를 만드는
단지설계, 그리고 공간을 창의적인 조형으로 구현하는 공간 디자인에 이르는 다양한
업무를 수행한다. 최근에는 설계와 시공을 함께 진행하는 디자인빌드Design-Build를
통해 규격화하기 힘든 식물의 연출과 수공예적인 디테일을 만들기도 한다. 이용자
참여 설계 과정에서는 사용자가 자유롭게 아이디어를 내면 이를 구현할 수 있도록
돕는 컨설턴트Consultant 또는 퍼실리테이터[1] 역할을 수행한다. 자연과 환경, 사회와
문화의 영역을 넘나들며 개인의 철학과 미적 감각을 예술적인 방식으로 작업하는
공공미술가나 환경예술가로서의 활동도 활발하다.

조경의 특수성

근대 도시에서 땅은 추상적이고 일반적인 존재로, 건물을 지을 수 있는 빈
바탕이거나 사고팔 수 있는 거래의 대상 또는 재산 증식의 수단처럼 여겨진다.
그러나 조경가의 견해는 다르다. 산골짜기에 있는 땅과 바닷가에 있는 땅은 크기와
형태가 같더라도 그 안의 생태계가 다르고, 적응하여 살아가는 생물의 삶에도
차이가 있다. 이렇듯 특정 장소에 국한되기에 지반을 둘러싼 모든 관계를 다루는
생태학을 바탕으로 대상지와 관련된 수많은 문화, 생태적 관계를 이해하고 조형적
언어와 기후에 따라 변화하는 모습을 고려해 경관을 디자인한다.

1 야호맘껏생태숲놀이터.
2 선유도 공원.

  또한 조경은 다른 디자인 분야와 달리 살아있는 재료를 이용함으로써 시간을
다룬다. 단순히 식물을 사용하는 것이 아니라 생명체들의 삶과 죽음, 그 생애주기를
다루는 것이다. 내역서에 포함할 수 없는 수많은 생명체가 조경 디자인에 잠재되어
있고 반대로 설계도서에 포함된 요소는 오히려 소멸할 가능성을 지닌다. 한 장의
사진에 포착된 자연 풍경은 여러 생물의 삶과 죽음이 만들어 내는 자연형성
과정Natural Process 중 한순간일 뿐이다. 하루가 다르게 변화하는 모습과 수백 년에
이르는 천이[2] 과정은 자연을 동적 체계로 이해할 수 있게 하고 나아가 '사람의
디자인이 어디까지 관여할 수 있는가?'라는 질문을 던진다. 조경은 형태를 넘어
이러한 변화를 디자인한다.

  자연과 인간 사이에서 다양한 자연·문화 현상을 만드는 조경은 결국 삶을
다룬다. 경관 속에서 사람들은 만나고, 자연을 공유하며 새로운 문화를 창조한다.
세계적으로 아름다운 공원과 정원은 도시의 브랜드가 되어 지역 재생과 경제 활성화에
기여해 왔다. 때로는 아름다운 경관이 인근 토지와 건물의 가치를 높여 사회적
불평등을 만들기도 하지만, 궁극적으로 품질 높은 조경 공간은 시민의 삶의 질을
향상시킨다. 또한 인간은 자연을 체험함으로써 다른 생명체를 대하는 올바른 태도를
학습하고 주변 자연과 공공 공간을 이웃과 공유하며 커뮤니티를 형성한다. 조경은
교류와 공감을 통해 우리가 타 생명체와 맺는 관계를 변화시켜 삶의 방식을 바꾼다.

조경하는 일의 기쁨과 슬픔

대학에 갓 입학했을 때 "조경은 나무 심는 거 아니냐"며 "그걸 왜 대학까지 가서 배우냐"는 말에 좌절한 적이 있다. 수십 년이 지난 후 어느 기자 간담회에서는 '조경도 결국 개발 아니냐'는 질문을 받았다. 조경을 그저 겉을 치장하는 화장술로 바라보는 시선 역시 좀처럼 사라지지 않는다. 극단적으로 조경이라는 이름을 바꿔야 한다는 주장까지 나온다. 시간이 꽤 지나, 국내에 조경 산업이 자리잡은 지도 어느덧 50년이 흘렀지만, 대중의 시선은 여전하다. 전문가로서 조경 본연의 전문성과 사회적 역할을 알리는 일에 게을렀다는 자책도 든다. 기후 위기가 전 세계의 문제로 떠오르면서 각종 전시회의 주제로 정원과 식물이 주목 받고 있지만, 자연이 우리 생활과 도시 건설 패러다임의 중심으로 들어올 수 있을지는 회의적이다.

　　누군가 작업하면서 가장 좋았던 프로젝트가 무엇인지 묻는 질문에 농담처럼 "건축가 없는 프로젝트"라고 답하고는 혼자 당황했던 적이 있다. 건축가와의 작업을 즐겨 하고 좋은 결과로 이어지는 경우도 많았는데 순간적으로 그런 대답이 나왔다. 여러 날을 곱씹어 보니 조경이 쓰는 언어에 대한 오랜 고민 탓이라는 결론에 도달했다. 건축과의 협업 과정에서 조경이 중요하게 여기는 가치와 디자인 어휘는 힘의 논리에 밀려 하찮거나 순진한 것으로 치부되고 배제되고는 한다. 조경이 약자로 치부되는 것이 단순 공사비용 때문만은 아니다. 개발 중심의 도시 패러다임에서 자연은 건축적인 디자인 어휘로 인해 쉽게 훼손되고 대체된다. 이러한 사회적 구조에서 자연을 다루는 조경은 어쩔 수 없는 소수집단이다. 결국 약자는 고유의 언어와 목소리를 잃지 않으면서 강자와 소통하는 방법을 익혀야 한다. 그나마 최근에는 상황이 조금 달라졌다. 기후 위기와 팬데믹 시대에 문화와 생태를 함께 다루며 도시를 보정하고 교감하는 일이 조경가의 시대적 책무가 되었다.

　　조경가는 눈에 보이는 것뿐만 아니라 이면의 복합적인 힘까지 다루기에 다양한 능력이 요구된다. 대지에 잠재된 힘과 다양한 특성을 감지해낼 수 있는 감수성, 현재에 이르기까지 거쳐온 자연·사회적 사건을 추적하고 이해할 수 있는 탐구력, 그리고 건강하고 아름다운 세계와 변화를 꿈꾸는 상상력이 조경가에게 필요하다. 생명을 존중하고 아름다움을 창출하며 행복한 삶을 만드는 일, 건강한 도시를 만들고 지구의 균형을 되찾는데 기여한다는 소명 의식 덕에 조경가로 사는 것은 힘들지만 즐겁다.

1) 퍼실리테이터(Facilitator): 의뢰자의 수요를 파악하고 팀 구성원의 의견에 반문하거나 때로는 독려하며
　　최적의 해결책을 도출하고자 프로젝트의 방향을 조율하는 존재.
2) 천이(Succession): 식물 군락이 같은 장소에서 시간의 흐름에 따라 변화하는 현상.

김아연(서울시립대학교 조경학과 교수)
서울시립대학교 조경학과 교수이자 스튜디오 테라 대표를 맡아 조경설계 실무와 교육을 넘나들며 활동한다. 국내외 정원, 놀이터, 주거단지 등 다양한 프로젝트를 담당하며 자연과 사람의 관계를 조율하는 조경설계를 보여준다.

건축물
조경 제도의
현재와 미래

-
글 김용국
(건축공간연구원 연구위원)

우리나라에서는 급격한 도시화로 훼손된
국토환경을 보존하기 위해 1977년 건축물
조경 제도를 신설했다. 그러나 사람들은
조경의 중요성에 공감하기보다는 토지
개발에만 집중했다. 그 결과 제도는 갈수록
축소되며 여러 한계를 드러내고 있다. 오늘날
건축물 조경 제도의 문제점과 개선 방향을
전문가의 시선으로 조망한다.

건축물 조경의 필요성과 기능

전 세계 많은 국가가 탄소중립을 위해 노력 중이다.
우리나라는 지난해, 2030년까지 이루어야 할
국가온실가스감축목표(NDC)를 40%로 상향하였고
이를 달성할 구체적인 방안으로 2022년 7월, 「기후 위기
대응을 위한 탄소중립·녹색성장 기본법」을 시행했다.
법안에 따르면 기후 위기로부터 안전해지기 위해서는 도시
규모에서 녹색인프라Green Infrastructure를 확보해야 한다.
녹색인프라는 자연 또는 자연에 가까운 공간을 지칭하는
단어로, 공원과 녹지, 도시숲, 하천, 건축물 녹화 공간 등이
여기에 속한다. 좀 더 구체적으로 설명하면 근린과 부지
단위에서는 빗물을 흡수하고 저장하는 시스템이 되고,
도시나 지역 단위에서는 홍수를 예방하면서 대기질과
수질을 향상시키는 자연지역의 조합을 의미한다. 문제는
대부분의 도시가 이미 포화 상태라 녹색인프라를 새로
만들기가 어렵다는 점이다. 현재로서는 도시에 존재하는
회색인프라1)를 녹색인프라로 전환하는 것이 대안이다. 이를
실현하는 가장 효과적인 방법이 바로 건축물의 조경이다.
2021년을 기준으로 전국의 건축물은 모두 731만 4264동,
연면적은 40억 5624만 3000m²에 달한다. 이들 건축물이
도시 녹색인프라의 구성 요소로 작동하면 단열과 에너지
성능 향상을 비롯해 우수 유출 저감, 도시경관 향상, 휴식
공간 확보, 도시생태계 복원 등 수많은 가치를 창출하게
된다. 실제 2016년 통계를 바탕으로 건축물 조경의 효과를
환산한 결과 매년 약 8433억 원의 편익이 발생할 것으로
나타났다.

건축물 조경 제도의 변천사와 문제점

건축물 조경은 「건축법」에서 대지의 조경이라는 용어로
규정하고 있다. 처음 「건축법」을 제정할 당시에는 조경에
대한 내용이 없었고 1970년대에 들어서 급속한 도시화로
인한 공해를 막고 환경을 개선하기 위해 도입되었다. 처음
제도가 시행됐을 당시에는 공장을 지을 때만 15%의
조경 면적을 적용했지만 1977년부터는 일반 건축주가
200m² 이상의 대지에 건설하는 경우에도 10%의 면적을
확보하도록 법을 개정했다. 이후 여러 번의 개정을 거쳐
지금은 대지면적이 200m² 이상인 대지에 건축 행위를 하면
해당 지방자치단체(이하 지자체)에서 조례로 정하는 기준에
따라 조경 면적을 확보하도록 정하고 있다.

대지의 조경 제도는 녹지를 일정 비율로 확보하도록
의무화하여 도시의 조경 면적을 넓히는 성과를 창출했다.
그러나 규제를 완화하려는 정부의 기조와 제도에 불만을
제기하는 건축주의 민원이 맞물리면서 제도는 점점
유명무실해진다. 지자체 건축조례에서 대지의 조경 의무
면적 비율이 축소 또는 폐지되는 추세이고, 대지의 조경
제도를 적용받지 않는 건축물의 범위가 점차 확대된다.
건축협정이나 내진 보강 등을 이행하면 조경과 관련이
없음에도 대지의 조경 의무 면적 비율을 완화해 주기도
한다.

중소 규모 건축물의 건축주, 대지의 조경 제도 담당
공무원과 관련 전문가를 대상으로 건축물 조경 제도에 대한
인식을 조사한 결과, 대다수의 지자체에서 대지의 조경
업무를 추진할 조직 체계를 갖추고 있지 않다는 문제점이
드러났다. 건축주들은 조경에 관심은 있지만 구체적인 관리
방법을 알지 못해 공간을 방치하고 있다.

건축물 조경의 효과(2016)

구분	내용
경관 편익	52,690,140,000
생태계 보전 편익	5,945,580,000
도시열섬 완화 편익	721,137,348,000
미세먼지 등 대기정화 편익	19,681,920,000
산소생산 편익	43,874,280,000
합계	843,329,268,000

대지의 조경 제도를 적용 받는 전국 약 223만 동의 건축물의 조경 효과를
환산한 결과 매년 8,433억 원의 편익이 발생하는 것으로 나타났다.

그렇다면 「건축법」에 따라 조성된 대지의 조경 공간은 어떻게 유지, 관리되고 있을까? 경기도 부천시와 서울특별시 서대문구, 대전광역시 노은 2지구를 대상으로 실태를 조사한 결과 여러 문제점을 발견했다. 첫 번째는 대지의 조경을 설치한 위치이다. 조경 공간은 대부분 건축물 전면이 아니라 식물이 생육하거나 지역의 녹지 경관으로 기능하기 어려운 후면 또는 측면에 배치되어 있었다. 이마저도 방치되는 경우가 많았고, 사용승인 후에 건축물 조경 공간의 위치를 바꾸거나 불법 전용한 사례도 다수 있었다. 다음은 식물의 생육에 관한 문제다. 지역에 적합하지 않은 수종을 선정하고 생장에 필요한 토심보다 낮게 조성하다 보니 대다수의 식물이 이미 고사한 상태였다.

대지의 조경 제도는 사적으로는 건축 개발행위를 규제하는 불필요한 요소로, 공적으로는 새로운 건축 제도를 활성화하기 위한 발판 정도로 여겨진다. 이러한 인식이 쌓이면서 공간에 대한 사후 감독과 관리가 부실해지고 조경을 방치하거나 불법으로 전용하는 사례가 늘었다. 대지의 조경이 도시 녹지의 구성요소라는 사회적 인식이 부족하고, 그 결과 제도가 질적으로 발전하지 못해 제 기능을 발휘하지 못하고 있다는 것이다.

건축물 조경 제도 개선 방안

건축물의 조경 공간이 효과적인 녹색인프라로 작동하려면 단기적 차원과 중장기적 차원의 대책을 함께 마련해야 한다. 단기적 차원에서는 첫 번째로 실태조사와 관리·감독을 강화해야 한다. 「건축법」 제35조에 의하면 건축주와 관리자는 조경의 관리 상태를 정기 또는 수시로 점검하여 허가권자에게 결과를 보고해야 하는 의무가 있다. 이것이 잘 지켜지도록 대지의 조경 제도를 담당하는 부처인 국토교통부 녹색건축과는 '건축물 유지·관리점검 세부기준'(국토교통부 고시 제2013-140호)과 「건축법」 제37조 건축지도원 제도 등을 활용해 대지의 조경 공간에 대한 실태조사를 정기적으로 시행해야 한다.

두 번째는 조경기준(국토교통부 고시)을 개정해 조경 면적을 건축물 전면이나 가로변에 배치하도록 유도하는 것이다. 현재 조경기준 제5조에서는 "너비 20m 이상의 도로에 접하고 면적이 2,000m² 이상인 대지인 경우, 조경 의무 면적의 20% 이상을 가로변에 연접하게 설치하여야 한다"고 규정하고 있다. 이를 도로의 폭이나 대지 면적과 관계없이 모두 적용하도록 하고, 가로변에 조경 면적을 배치할 경우 일정 비율의 가중치를 부여하는 방향으로 변경해야 한다.

1, 2 주차 공간으로 불법 전용 사례.
3 무허가 건축물로 전용한 모습.

세 번째는 지역 맞춤형 가이드라인을 제공하는 것이다. 지역에 따라 식물의 생육 환경이나 조경의 조성 여건에 차이가 있으므로 지역 또는 근린 단위로 구분하여 설계와 관리에 관한 가이드라인을 제작, 공유해야 한다. 네 번째는 대지의 조경 제도를 잘 만족한 우수 건축물을 위한 인증제도를 만드는 것이다. 조경을 통해 기후 위기에 대응하거나 경관을 개선하는 데 크게 기여한 건축물에 인증을 부여하고 재정적, 행정적 인센티브를 제공하는 방안이 필요하다.

중장기적으로는 가장 먼저 도시 차원에서 대지의 조경에 관한 계획과 정책을 수립해야 한다. 영국을 비롯한 일부 국가에서는 대지의 조경에 관한 기준을 개별 건축물이 아닌 도시와 지역 규모의 녹지계획 체계에 포함시킨다. 영국 지방정부는 법정계획인 '녹색인프라 전략'에서 대지의 조경을 도시 녹색인프라의 주요 구성 요소로 규정해 계획을 수립하고, 일본은 건축물 녹화시설에 관련된 사항을 「건축법」이 아닌 「도시녹지법」에서 다룬다. 미국과 독일도 도시계획과 경관계획을 근거로 하여 건축물 조경을 관리한다. 우리도 대지의 조경을 「국토의 계획 및 이용에 관한 법률」 제2조에서 정의하는 기반시설의 녹지 또는 「도시공원 및 녹지 등에 관한 법률」 제35조에서 정하는 녹지의 유형에 포함하여 관리해야 한다. 또는 일본처럼 용도지역·지구에 녹화지역 또는 녹화지구를 신설해 녹지가 부족한 지역에 최저 녹화율을 지정해야 한다. 광역지자체의 10년 단위 법정계획인 '공원녹지기본계획'에 대지의 조경을 포함해 다양한 기능을 제공하는 공간으로 조성, 관리하는 것 역시 방법이 될 수 있다.

두 번째는 선택적 기금 제도를 도입하는 것이다. 건축물의 위치가 조경 공간을 설치하기에 적합하지 않거나 설치하더라도 환경을 개선하는 효과가 크지 않다고 판단될 경우에는 조경 공간을 조성하고, 유지관리 하는 데 드는 비용을 지역공원녹지진흥기금(가칭)으로 납부하는 제도다. 비슷한 사례로 「문화예술진흥법」 제9조에서는 연면적이 1만 m²를 넘는 건축물은 조성 비용의 1%를 미술작품 설치에 사용하도록 정하고 있다. 설치를 원하지 않는 건축주는 미술작품 설치비용의 70%를 문화예술진흥기금으로 납부해야 한다.

건축물 조경에 대해 지녀야 할 올바른 자세

건축물은 사유재이지만 공공재로서의 성격도 갖는다. 그렇기에 건축 개발행위는 공공의 건강과 안전을 '해치지 않도록 한다'는 기존의 규범을 넘어 '향상하기 위해 노력한다'는 적극적인 자세로 바뀌어야 한다. 건축물의 조경 공간을 아름답고 기능적으로 조성, 관리하는 것은 도시환경을 개선하는 데 있어 건축주와 관리·감독의 주체가 부담해야 하는 최소한의 의무이다. 건축물 조경 공간이 기후 위기를 극복하는 효과적인 녹색인프라가 되도록 모두가 함께 노력해야 할 때이다.

1) 회색인프라(Grey Infrastructure): 도로, 철도, 지역 지구 등 콘크리트 구조물 위주의 도시 기반시설.

김용국(건축공간연구원 연구위원)
서울대학교 환경대학원에서 조경학으로 석사와 박사 학위를 받았다. 2015년부터 건축공간연구원에서 연구위원으로 재직하며 조경계획과 정책, 녹색도시에 관한 연구를 수행하고 있다.

2

MATERIAL OF
LANDSCAPE

조경에서 만나는 대표 식물 50선

교목

우리가 떠올리는 나무의 모습은 대부분 교목이다. 교목은 키가 4m 이상으로 큰 나무로 중심 줄기가 기둥처럼 곧고 두꺼우며 가지가 여러 갈래로 뻗어 나간다. 계절별 특성에 따라 사계절 내내 잎이 푸른 상록교목과 가을에 잎이 떨어지는 낙엽교목으로 나뉘고 잎의 형태에 따라 침엽과 활엽으로 구분하기도 한다.

1 단풍나무
Acer palmatum

단풍나무과의 낙엽활엽교목으로 가을 하면 떠오르는 대표적인 나무이다. 키는 최대 10m까지 자라고 4~5월에 피는 붉은 꽃부터 녹음, 가을의 단풍과 회갈색 수피까지 사계절 동안 다채로운 모습을 보여준다. 면적이 좁은 정원에서 그늘을 만들 때 적합하다. 약간 그늘진 환경을 좋아하고, 여름철에 강한 햇볕을 받으면 단풍의 색이 흐려지므로 직사광선을 직접 받는 곳은 피해서 심는 것이 좋다.

3 로키향나무 '스카이로켓'
Juniperus scopulorum 'Skyrocket'

측백나무과의 상록침엽교목으로 미국이 원산지인 향나무를 개량한 원예종[1]이다. 침엽수지만 끝이 뭉툭한 비늘잎을 가지고 있으며 은빛과 푸른빛이 뒤섞인 잎의 색감이 독특하고 매력적이다. 키는 1.5~4.5m이고 6m까지 자라기도 한다. 키에 비하면 부피가 크지 않고 폭이 좁아 작은 정원에서 요긴하게 쓰인다. 건조에 강하지만 과도한 습기에는 약하니 물주기와 배수에 주의하자.

5 목련
Magnolia kobus

목련과의 낙엽활엽교목으로 이른 봄에 하얀 꽃이 피어나며 은은한 향기를 낸다. 아파트나 학교에서 흔히 보이는 백목련과 달리 목련은 크기가 작고 꽃잎이 활짝 피어 뒤로 젖혀진 모양이다. 백목련보다 인위적인 느낌이 덜해 자연스러운 경관을 연출할 때 좋다. 가지를 자르는 과정에서 상처가 생기면 잘 낫지 않고, 새로 가지가 나도 꼿꼿하게 자라 수형이 깨지므로 가지치기는 가급적 하지 않도록 한다.

©Agnieszka Kwiecie, Nova

©Dalgial

2 때죽나무
Styrax japonicus

때죽나무과의 낙엽활엽소교목으로 우리나라 중부 이남의 산지에 자생한다. 키는 10m 정도이고 초여름에 아래를 향해 늘어지는 하얀 꽃과 가을에 주렁주렁 열리는 작은 열매가 특징이다. 특히 꽃이 아름답고 향기도 진해 공원에서 큰 나무에 곁들여 심는 꽃나무로 활용하면 좋다. 추위에 강한 덕에 볕이 잘 드는 곳부터 그늘이 살짝 드리우는 곳까지 두루 잘 자란다.

4 모과나무
Pseudocydonia sinensis

장미과의 낙엽활엽교목으로 줄기의 껍질이 불규칙하게 벗겨지면서 연두색과 회색이 번갈아 드러나며 얼룩무늬를 만든다. 덕분에 배롱나무, 노각나무와 함께 수피가 아름다운 나무로 꼽힌다. 4~5월에 피는 분홍색 꽃은 향기롭고 꿀이 많아 꿀벌이 모여든다. 10월에는 단단한 열매가 열려 진한 향기를 퍼트린다. 키는 8~10m이고 가지와 잎이 크게 자라 정원의 중심 수목으로 심는다.

조경은 수많은 요소로 이루어지지만, 그중에서도 가장 먼저 시선을 사로잡는 것은 역시 식물이다. 조경을 조경답게 만드는 존재, 다양한 종류의 식물을 소개한다.
글 **정경화** 도움 **이대길**(이대길스튜디오 대표)

7 벚나무
Prunus serrulata f. spontanea

장미과의 낙엽활엽교목으로 4월이 되면 벚꽃을 피워 곳곳의 길과 공원을 장식하는 대표적인 봄나무다. 대부분 꽃을 피우는 나무로 기억하지만, 잎이 무성해 여름철 녹음수로 안성맞춤이고 가을의 단풍도 아름답다. 키는 7~8m이며 성장이 빨라 서둘러 조경을 조성해야 할 때 심으면 좋다. 토양이 촉촉하고 비옥한 양지에서 잘 자란다.

9 서양수수꽃다리
Syringa vulgaris

유럽에서 온 물푸레나무과의 낙엽활엽관목으로 우리에게는 4~5월이 되면 꽃을 피우는 라일락이라는 이름으로 잘 알려져 있다. 품종에 따라 꽃의 색이 다양한데, 대부분 밝은색이라 상록수를 배경으로 심으면 한층 돋보인다. 키는 3~7m이고 햇빛을 좋아하고 추위에 강한 편이라 중부지방에서 키우면 좋다. 우리나라에서는 주택의 정원이나 공원에 많이 심는다.

©carlfbagge

6 배롱나무
Lagerstroemia indica

부처꽃과의 낙엽활엽소교목으로 우산 모양의 정갈한 수형이 특징이다. 모과나무처럼 수피가 알록달록하고, 7~9월에는 붉은 꽃이 핀다. 키는 대부분 5m를 넘지 않는다. 추위에 약해 주로 남부지방에 식재하고, 길가의 가로수부터 학교, 공원이나 사찰까지 장소를 가리지 않고 두루 쓰인다. 정원에 독립수로 크게 키우면 좋다. 단, 깍지벌레와 진딧물이 잘 생기는 편이라 병충해에 신경 써야 한다.

8 산딸나무
Cornus kousa

층층나무과의 낙엽활엽소교목으로 얼룩무늬가 있는 수피와 5~7월에 피는 하얀 꽃, 열매 등 즐길 거리가 많다. 특히 네 장의 꽃잎이 十자 모양으로 피어나는 모습이 매력적이다. 키는 3~10m로 크지 않고 성장이 더뎌 작은 정원에서는 독립수로 심고, 공원이나 학교에서는 다른 나무와 함께 식재한다. 적응력이 뛰어나 메마르고 건조한 환경도 잘 견디고, 양지와 음지를 예민하게 가리지 않는다.

10 소나무
Pinus densiflora

소나무과의 상록침엽교목으로 사계절 푸른 잎과 굳센 기상이 느껴지는 수형이 특징이다. 키는 20~30m까지 크게 자란다. 정원의 중심 수목으로 심거나 작은 동산에 여러 그루를 식재해 소나무 숲을 만들기도 한다. 건조하고 척박한 지역에서도 잘 자라지만, 햇빛은 꼭 필요하다. 온종일 볕이 들고 물빠짐이 잘 되는 토양에 심도록 한다.

관목

중심 줄기가 있는 교목과 달리 기둥이라 부를 만한 것이 따로 없고 지상부에서 여러 개의 줄기가 갈라져 나오는 형태로 자란다.
크기와 모양이 교목과 초본식물의 중간이라 정원에 어떤 수종을 심는지에 따라 중심이 되기도, 배경이 되기도 한다.

1 나무수국
Hydrangea paniculata

일본에서 들여온 수국과의
낙엽활엽관목으로 지금은 우리나라
전역에서 재배한다. 높이는
2~3m로 모양에 비해 키가 큰
편이다. 7~8월에 꽃이 피는데,
주먹처럼 동그랗게 개화하는 수국과
달리 원뿔 모양으로 뾰족하게 모여
피는 것이 특징이다. 또 처음에는
라임색이었다가 점점 흰색으로
변한다. 품종이 다양하고 다른 수국
종류보다 건조한 기후에 강한 편이다.

3 박태기나무
Cercis chinensis

콩과의 낙엽활엽관목으로 자라면서
소교목이 되는 성질이 있다. 4월이 되면
잎보다 자주색 꽃이 먼저 피어나는데,
색이 화려한 데다 가지부터 줄기까지
빽빽하게 달려 봄의 정원에 활력을
더한다. 회갈색 수피와 하트 모양의
잎도 사랑스럽다. 추위에 강하며
메마르고 척박한 땅이나 반그늘에서도
잘 자란다. 키가 3~5m로 크게
성장하지 않는 편이라 중심 수목으로
이용하기보다는 도로변, 공원 등에 여러
그루 심는 것이 좋다.

5 산철쭉
Rhododendron yedoense f.
poukhanense

진달래과의 낙엽활엽관목으로
전국의 산지에서 자라고 주로
산기슭의 물가나 고산지대에서
발견된다. 키는 1~3m이다. 4~5월
진달래가 질 무렵, 자주색 꽃잎의
가운데에 짙은 반점이 모여 있는
모습으로 꽃이 핀다. 우리나라에
자생하는 진달래과 식물 중에서는
꽃이 가장 크고 색이 진하다.
고택이나 사찰처럼 세월의 흔적이
느껴지는 공간에 잘 어울린다.

©David J. Stang

©C T Johansson

2 낙상홍
Ilex serrata

감탕나무과의 낙엽활엽관목이다.
초가을이 되면 붉은색의 조그마한
열매가 가지를 뒤덮을 듯이 열린다.
6월에는 연보라색 또는 흰색의 작은
꽃이 핀다. 키가 2~3m 정도이고
성장이 느린 편이라 작은 나무와 함께
심는 것이 좋다. 새들이 좋아하는
열매가 열려 생태공원에 잘 어울린다.

4 병꽃나무
Weigela subsessilis

한국이 자생지인 인동과의
낙엽활엽관목으로 전국의 산지에서
발견된다. 4~5월에 종 모양의 꽃이
피는데, 처음에는 노란색이었다가
점차 붉은색으로 변한다. 키는
1~3m로 크지 않지만, 성장이 빠르고
어디서든 잘 적응해 숲이나 계곡
근처, 심지어 해안가에서도 발견된다.
그늘에서도 잘 자라서 큰 나무
아래에 심으면 좋다. 가지치기에 강해
주기적으로 잘라주면 새잎과 가지를
키우며 더 건강하게 성장한다.

7 조팝나무
Spiraea prunifolia f. simpliciflora

장미과의 낙엽활엽관목으로 전국의
산기슭이나 도로 근처에서 비교적
흔하게 볼 수 있다. 3~5월에 하얀
꽃이 가지를 뒤덮으며 잎보다
먼저 피어난다. 키는 1~1.5m이고
가느다란 가지와 촘촘하게 나는
잎 덕분에 정원에서 중간 크기
식물로 중요한 역할을 한다. 햇빛을
좋아하지만, 양지와 음지를 가리지
않고 건조하거나 척박한 곳에서도 잘
자란다. 단독으로 심기보다는 여럿이
모아 심었을 때 더 아름답다.

9 황매화
Kerria japonica

장미과의 낙엽활엽관목으로
일본과 중국이 원산지이지만
뛰어난 적응력 덕분에
귀화식물[2]로 자리 잡았다. 이제는
공원이나 아파트, 산책로에서
쉽게 볼 수 있는 친숙한 식물이다.
키는 약 1.5m이고 줄기가 계속
자라 큰 덤불을 이룬다. 4~5월이
되면 늘어진 가지에서 노란 꽃이
흐드러지게 피어나 아름답다.
그늘에서 잘 자라고 추위와 공해에
강하다.

©Dalgial

©Agnieszka Kwiecie, Nova

6 장미
Rosa hybrida

장미과의 낙엽상록관목으로 전
세계적으로 원예종이 가장 발달한
식물이다. 품종이 여럿인 만큼
크기나 형태가 다양하다. 일반적으로
5월부터 9월까지는 화려한 꽃을
피워 정원을 화사하게 밝힌다. 자태가
화려하니 다른 나무와 함께 심기보다
장미만 따로 모아 심기를 권한다.
하루에 6시간 이상은 햇빛이 드는
곳에서 키우고 커다란 꽃을 많이
피우므로 물빠짐이 좋고 비옥한
토양에 식재해야 한다.

8 쥐똥나무
Ligustrum obtusifolium

물푸레나무과의 낙엽활엽관목으로
나지막한 산지의 숲과 들에서 쉽게 볼
수 있다. 5월에는 가지 끝에 흰색의
작은 꽃들이 무리 지어 피고, 10월이
되면 쥐똥을 닮은 검은색 열매가
열린다. 키는 2~4m까지 자란다.
척박한 땅이나 그늘에서도 잘 적응해
공장이나 창고, 화장실에 울타리나
경계를 짓는 용도로 많이 심는다.
열매는 새들의 먹이가 되므로 공원의
큰 나무 아래에 심으면 좋다.

10 히어리
Corylopsis coreana

조록나무과의
낙엽활엽관목으로
우리나라에서만 자라는
종이다. 산지의 습한 지역이나
하천 주변에서 볼 수 있다.
3~4월이 되면 잎보다 먼저
노란 꽃이 피는데, 초롱불처럼
아래를 향해 늘어지는 것이
특징이다. 키는 1~3m이고
가지가 옆으로 뻗으며
자란다. 구불거리는 가지의
모습만으로도 아름다워
겨울 정원을 장식하기에
안성맞춤이다.

초화류

초화류는 초본식물, 즉 풀을 뜻한다. 겨울에도 지상부가 살아있는 나무와 달리 줄기가 목질화되지 않고 부드러워서 잎과 줄기가
말라 죽거나 최소한의 잎만 남는다. 크기는 나무보다 작지만 다채로운 꽃과 잎으로 정원에 스타일을 더해주고, 지면을 채워
은은한 배경이 되기도 한다.

1 관중
Dryopteris crassirhizoma

고사리목에 속하는 면마과의
여러해살이풀이다. 키가 최대
100cm까지 성장하는 대형
양치식물로 우리나라 산지에서
흔히 볼 수 있다. 넓은 잎이 우산처럼
고르게 펼쳐지는 수형이라
단독으로도 힘이 느껴진다.
양치식물이라서 꽃을 피우지 않고
포자로 번식한다. 직사광선이 드는
곳에 심으면 잎이 노랗게 되거나 끝이
타들어 간다. 대개 산속의 그늘지고
습한 경사지에 드문드문 분포하여
자란다.

3 금계국
Coreopsis basalis

국화과의 한해 또는 두해살이풀이다.
원산지는 북아메리카지만 적응력과
번식력이 뛰어나 이제는 우리나라
전역에서 많이 자란다. 키는
30~60cm이고, 6~8월에 가늘고 긴
꽃대 끝에서 코스모스를 닮은 노란
꽃을 피운다. 꽃잎의 가운데 부분은
적색 또는 흑갈색을 띤다. 공해에
강하고 척박한 환경에서도 잘 자라
길가나 도로변에서 쉽게 볼 수 있다.
다소 지나치게 번성하는 탓에 과도한
번식을 막는 조치가 필요하다.

5 긴산꼬리풀
Veronica longifolia

현삼과의 여러해살이풀로
산기슭에서 무리 지어 자란다.
키가 1m 이상으로 크고 7~8월이
되면 이삭이 열리듯 기다란 꼬리
모양으로 꽃이 핀다. 보라색을
비롯해 분홍색, 붉은색 등
품종에 따라 꽃의 색이 다양하다.
반그늘이나 습기가 많은 곳에서
잘 자라며, 벌과 나비가 좋아한다.

2 구절초
Dendranthema zawadskii var. latilobum

국화과에 속하는 여러해살이풀로,
우리에게는 들국화라는 이름으로
잘 알려져 있다. 햇볕이 잘 드는
산기슭이나 들에서 자생하고,
요즘에는 정원에서도 많이 키운다.
50~90cm의 높이로 자라며,
9월이 되면 샛노란 중심부에
흰색이나 연분홍색 꽃잎이 둘러싸는
형태로 개화한다. 이때부터 서리가
내릴 때까지 오래 꽃을 피워 가을
정원에서 중요한 역할을 담당한다.
과습에 약하니 물주기와 배수에 신경
써 주자.

4 금낭화
Dicentra spectabilis

현호색과의 여러해살이풀로
우리나라 중부지역의 산지에서
자생한다. 키는 40~70cm이고
5~6월에 다홍색, 흰색 꽃이
복주머니 모양으로 줄지어 피어난다.
여름이 되면 휴면기에 들어가고
가을과 겨울에는 커다랗던 몸체가
갑자기 사라지므로 이를 감안해서
심어야 한다. 특별한 관리 없이도 잘
자라는 편이니 과습해지지 않도록
배수만 신경 쓰면 된다.

7 눈개승마
Aruncus dioicus

장미과의 여러해살이풀로 우리나라 전역의 고산지대에서 자라는 자생종이다. 키는 30~100cm이고 6~8월에 하얀색 꽃이 피는데, 작은 꽃잎이 여러 갈래로 갈라지는 모습이 기다란 불가사리를 닮았다. 직사광선이 강한 곳에서는 잎이 상하고 모습이 볼썽사나워진다. 반그늘이나 음지에 심어야 본래의 초록 잎을 유지할 수 있다. 특히 2년이 되었을 때부터 크기가 커지니 이를 고려해서 심자.

9 둥굴레
Polygonatum odoratum var. pluriflorum

백합과의 여러해살이풀로 북반구의 온대 기후 지역에서 자생한다. 키는 30~60cm이고 5~6월에 종 모양의 꽃이 매달리듯 핀다. 잎의 형태가 선명하고 단정해 정원의 선을 한층 또렷하게 만들어 준다. 음지를 좋아해 그늘 정원이나 큰 나무 아래에서 잘 자란다. 다만 뿌리가 옆으로 뻗으며 자라기 때문에 주변에 다른 식물을 심을 때 주의해야 한다.

6 노루오줌
Astilbe chinensis

범의귀과의 여러해살이풀이다. 산지의 그늘지고 습한 지역에서 자생하며, 품종이 매우 많다. 키는 30~70cm이며 7~8월이 되면 줄기의 끝에 분홍색 꽃이 원뿔 모양으로 모여 핀다. 여름과 겨울에 모두 강하지만 건조한 기후에서는 잘 자라지 못하므로 항상 촉촉한 환경을 유지해야 한다. 촉촉한 토양에서 햇빛을 충분히 받으면 풍성하게 꽃을 피우고 그늘에서는 은은하게 자란다. 그늘에서도 다양한 색의 꽃을 피워 포인트가 된다.

8 돌단풍
Mukdenia rossii

범의귀과의 여러해살이풀로 중국과 몽골, 한국에서만 자란다. 잎이 5~7갈래로 갈라지고 가장자리에 자잘한 톱니가 나는데, 그 모습이 단풍잎을 닮아 돌단풍이라 불린다. 가을이 되면 진한 자줏빛으로 물든다. 키는 30~45cm이고 이른 봄에는 별을 닮은 흰색의 작은 꽃이 핀다. 추위에 강해 우리나라 전역에서 월동이 가능하다. 직사광선을 쬐고 수분을 충분히 얻지 못하면 잎이 축축 처지므로 그늘에 심는 것이 좋다.

10 매발톱
Aquilegia buergeriana var. oxysepala

미나리아재비과의 여러해살이풀로 해가 잘 드는 계곡이나 산 정상 부근의 풀밭에서 자란다. 가지 끝에서 아래를 향해 꽃이 달린 모습이 매의 발톱을 연상시켜 매발톱이라 부른다. 키는 30~100cm이고, 5~7월에 보라색이나 푸른색, 흰색 꽃을 피운다. 추위에 강해 우리나라 전역에서 월동이 가능하다. 흰가루병에 약한 편이라 잎이 상한 것은 빠르게 잘라내야 한다.

11 맥문동
Liriope platyphylla

백합과의 여러해살이풀로 사계절
잎이 푸른 상록식물이다. 우리나라
중부 이남의 산지에 자생하고, 그늘진
숲속이나 산기슭에서 발견된다. 키는
15~50cm로 큰 편이고 5~8월에는
긴 꽃줄기에서 보라색 꽃이 핀다.
대량으로 촘촘히 심으면 진한 녹색
잎과 보라색 꽃이 은은하게 대비를
이루며 아름다운 풍경을 연출한다.
그늘이지만 건조한 환경에서 잘 자라
주로 아파트나 빌딩의 그늘 정원이나
큰 나무 아래에 많이 심는다.

13 버들마편초
Verbena bonariensis

마편초과의 여러해살이풀로
남아메리카 지역이 원산지이다. 키가
최대 120cm에 달할 정도로 크고
꼿꼿하게 자라며, 성장할수록 줄기가
목질화되는 경향이 있다. 6~9월에는
보라색 꽃이 피는데, 첫서리가 내릴
때까지 꽃이 피어 오랫동안 감상할
수 있다. 햇빛이 충분하고 물빠짐이
좋은 토양에 심으면 크게 관리를
하지 않아도 잘 자란다. 다만 추위에
약해 중부지방에서는 월동이 어렵고
씨앗으로 자연 발아하여 명맥을
유지한다.

15 복수초
Adonis amurensis

미나리아재비과에 속하는
여러해살이풀로 해발 고도가
800m 이상인 산지나 초지에서
발견된다. 2~3월에 윤기가
나는 노란색 꽃이 피고 5월이
되면 휴면에 들어간다. 키가
10~30cm로 작고 옆으로
퍼지면서 번식하기 때문에
지피식물로 효과적이다. 낙엽수
아래의 비옥한 땅에 심으면
은은한 바탕이 되어준다. 햇볕이
충분히 들고 배수가 원활한
땅에서 잘 자라며 고산에 적응한
덕분에 낮은 기온에서도 잘
버틴다.

©frank wouters

12 백리향
Thymus quinquecostatus

꿀풀과의 낙엽활엽반관목으로
줄기의 일부가 목질화되는 경향이
있다. 높은 산이나 바닷가의 바위
위, 특히 석회암 지대에서 자주
발견된다. 백리향이라는 이름처럼
식물 전체에서 좋은 향기가 난다.
키는 10~30cm로 낮게 자라고
6~8월에는 분홍색, 흰색 꽃이
핀다. 뿌리줄기가 곳곳에 뿌리를
내리며 빠르게 번식해 지피식물로
많이 심는다. 햇빛이 많고 물빠짐이
잘 되며 다소 척박한 토양에서 잘
자란다.

14 벌개미취
Aster koraiensis

국화과의 여러해살이풀로 경기도
이남에 분포하는 우리나라의
고유종이다. 키가 50~60cm로
크고 높은 꽃대에 하얀색 또는
연한 자주색 꽃이 촘촘하게 모여
핀다. 늦여름부터 가을까지 꽃이
피어 정원을 풍성하게 한다. 햇볕이
잘 드는 다습한 환경을 좋아하고,
특별히 관리하지 않아도 잘 자란다.
오히려 뿌리가 지나치게 옆으로
번지므로 경계를 두는 것이 좋다.

17 비비추
Hosta cul.

백합과의 여러해살이풀로 산지의 습한 바위틈이나 개울가에서 자란다. 대부분 유럽에서 개발된 재배종이고 품종이 다양해 선택의 폭이 넓다. 7~8월에는 흰색, 보라색, 연한 자주색의 꽃이 피는데, 개화 기간이 짧다. 반면 잎의 색상과 무늬가 다채로워 오히려 잎을 감상하는 재미가 있다. 음지에서 잘 자라기 때문에 그늘진 정원에 지피식물로 심으면 좋고 암석원에도 잘 어울린다. 물을 좋아하지만 건조한 곳에서도 잘 버틴다.

19 수호초
Pachysandra terminalis

회양목과의 여러해살이풀로 겨울에도 잎이 푸른 상록식물이다. 짙은 녹색의 잎은 윤이 나는 가죽 같은 촉감을 지녔으며 4~5월에는 흰색 또는 연한 노란색의 꽃이 핀다. 키는 30cm 내외로 작지만, 뿌리줄기가 옆으로 뻗으면서 빠르게 번식하고 형태가 선명한 잎이 땅을 조밀하게 덮어줘 지피식물로 효과적이다. 나무 아래나 건물의 그늘진 공간에 심으면 잘 자라고 옥상정원이나 건물 벽면의 녹화 식물로도 많이 사용한다.

16 붓꽃
Iris sanguinea

붓꽃과에 속하는 여러해살이풀로 전 세계적으로 6만 종이 넘는 재배종이 개발돼 색상과 형태가 매우 다양하다. 잎이 기다랗고 꽃대도 최대 90cm까지 자라 정원의 키를 키워주는 존재다. 5~6월이 되면 안쪽에 흰색, 노란색 줄무늬를 가진 청보라색 꽃이 핀다. 단점은 짧은 개화 기간이다. 꽃이 피고서 하루 이틀이면 시든다. 그럼에도 아름다운 꽃과 독특한 잎모양 덕에 많은 이들의 사랑을 받는 수종이다.

18 서양톱풀
Achillea millefolium

국화과의 여러해살이풀로 잎의 가장자리가 톱날을 닮아 톱풀이라는 이름이 붙었다. 유럽의 원예종이며 품종마다 꽃의 색이 다양하다. 우리나라에서는 정원에서 기르던 것이 퍼져나가 들에서 자라는 귀화식물이 되었다. 키는 60~100cm이고, 6~9월이 되면 흰색의 작은 꽃이 우산 모양으로 모여 핀다. 꽃이 풍성하고 은은해 색이 진한 꽃과 함께 심으면 좋은 배경이 된다. 햇볕이 충분한 곳에서 잘 자라지만, 대체로 수명이 짧다.

20 앵초
Primula sieboldii

앵초과의 여러해살이풀로 산지의 계곡 주변이나 습지에서 발견된다. 키는 15~60cm이고 몸 전체에 부드러운 털이 있다. 4~5월이 되면 자주색 또는 보라색 꽃이 꽃대 끝에 모여 핀다. 그늘과 습한 기후, 물빠짐이 잘 되는 땅을 좋아한다. 반대로 건조하고 여름에 햇볕이 강하게 내리쬐는 곳에서는 한해살이로 생을 마감할 때도 많다. 추위에 강한 편이어서 월동이 가능하다.

21 에키나세아
Echinacea purpurea

국화과의 여러해살이풀로
북아메리카의 초원에서 자생한다.
5~7월에 피는 분홍색 꽃이
이국적이고 화려해 시선을
사로잡는다. 1.5m까지 자랄 정도로
키가 크고 줄기가 단단한 데다 꽃의
형태가 뚜렷해 정원에서 초점 식물로
쓰면 좋다. 꽃이 진 이후에도 형태가
그대로 남아 겨울에도 볼거리가
되어준다. 남아있는 씨앗은 겨우내
새들의 먹이가 되니 자르지 말자.
추위에 강하고 적당히 수분이 있는
환경을 선호한다.

23 큰꿩의비름
Hylotelephium erythrostictum

돌나물과의 여러해살이풀로, 햇빛이
잘 드는 산이나 들, 바위틈에서 자란다.
키는 30~70cm이고 다육식물이라
줄기와 잎이 오동통하다. 줄기 끝에
꽃망울이 자글자글 맺히다가 8~9월이
되면 자그마한 자주색 꽃이 빽빽하게
피어나 가을이 왔음을 알린다. 꽃이 진
이후에도 지상부가 단단하게 말라서
겨울에도 보는 즐거움이 있다. 햇빛이
잘 들고 배수가 잘되는 토양에서 잘
자란다.

1 가는잎나래새
Stipa tenuissima

벼과의 여러해살이풀로
멕시코가 원산지이다. 관상용
그라스는 대부분 손이 베일
정도로 잎이 날카로운데
가는잎나래새는 맨손으로 만져도
될 정도로 가늘고 부드럽다. 키는
80cm이고 7월이 되면 황금빛
이삭이 맺히며 바람에 휘날리는
모습이 아름답고 몽환적이다.
초원에서 자라는 식물이라
가뭄에도 잘 견딘다. 어디서든
잘 자라는 편이지만, 과습하고
비옥할수록 수명이 짧아진다.

22 원추리
Hemerocallis fulva

백합과에 속하는 여러해살이풀로
정원에서 심어 기르던 것이 야생으로
퍼져 널리 자라게 됐다. 키는
60~90cm이고 여름에는 백합과
닮은 모습의 노란색, 주황색 꽃이
핀다. 꽃 한 송이는 하루 만에 피고
져버리지만 계속해서 개화하기
때문에 여름에 오랫동안 꽃을 볼 수
있다. 해가 잘 들고 비옥한 땅에서
가장 잘 자란다.

24 휴케라
Heuchera cul.

범의귀과의 여러해살이풀로
북아메리카 지역이 원산지이다.
비비추와 마찬가지로 잎의 모습이
다른 여러 품종이 존재한다.
초록색을 비롯해 분홍색, 자주색,
갈색 등으로 색상이 다양하고,
잎맥이 뚜렷하거나 무늬가 특이한
종이 많다. 일부는 겨울에도 잎이
떨어지지 않고 푸르게 남아 있기도
하다. 영양분이 많은 땅에서 잘
자라고 과습으로 죽는 경우가 많으니
물주기에 주의하자.

그라스grass는 본래 벼과 식물만을 지칭하는 단어이다. 하지만 요즘에는 잎이 좁고 긴 사초과와 골풀과, 부들과의 식물까지 그라스라 통칭한다. 자연스럽고 은은한 풍경을 만들어줘 최근 많은 이들이 찾는다.

3 블루 페스큐 '일라이저 블루'
Festuca glauca 'Elijah blue'

벼과의 여러해살이풀이다. 우리나라에서 은사초라는 이름으로 유통되는 식물은 대부분 이 품종이다. 키는 20~50cm 내외로 자라고 회색, 은색이 섞인 청색의 가냘픈 잎이 매력적이다. 햇빛을 좋아하고, 볕을 충분히 쐬지 못하면 청색을 잃고 초록으로 변하기도 한다. 과습하고 비옥할수록 수명이 짧아진다.

5 참억새
Miscanthus sinensis

벼과의 여러해살이풀로 우리나라의 산과 들에서 흔하게 볼 수 있다. 가을을 대표하는 그라스로 수형부터 꽃과 단풍의 색감, 꽃의 색 변화까지 다채로운 특징을 지닌 여러 품종이 존재한다. 키는 1~3m로 크게 자란다. 9월이 되면 줄기 끝에 은빛 또는 흰빛의 이삭이 열린다. 크기가 무척 커지므로 정원의 규모를 고려하여 심어야 한다.

©James Lindsey at Ecology of Commanster

2 꼬랑사초
Carex mira

사초과의 여러해살이풀로 한국이 원산지이다. 대부분 산기슭 또는 숲속의 그늘이나 습한 지역에서 발견된다. 키는 20~40cm이고 포기를 이루며 모여 자란다. 4~5월이 되면 줄기 끝에 작은 이삭이 달리며 개화한다. 잎이 실처럼 가늘고 부드러워 만지는 느낌이 좋다. 한번 자리를 잡으면 건조한 환경부터 일시적으로 침수가 일어나는 곳까지 견디는 범위가 넓다.

4 실새풀
Calamagrostis brachytricha

벼과의 여러해살이풀로 숲 가장자리에서 쉽게 볼 수 있다. 키는 최대 120cm까지 자란다. 8~9월이 되면 깃털처럼 부드러운 꽃이 풍성하게 피어나는데, 그 모습이 아름다워 유럽과 미국에서 정원식물로 먼저 심기 시작했다. 바람이 잔잔하게 부는 장소에 여러 포기를 모아 심으면 멋진 경관을 연출한다.

6 풍지초
Hakonechloa macra

벼과의 여러해살이풀로 일본이 원산지이다. 스치면 스르륵 소리가 나는 잎이 풍성하게 달리고 가을이 되면 붉게 단풍이 든다. 키는 30~50cm이다. 줄기와 잎이 아래로 늘어지는 모양으로 자라 정원의 하부 식물로 심으면 자연스러움을 더할 수 있다. 더위와 추위에 모두 강하지만 그늘과 물빠짐이 잘 되는 토양에서 더 잘 자란다. 생장 속도는 다소 느린 편이다.

1) 원예종: 미적인 환경을 개선할 목적으로 사용하는 식물. 주변에서 볼 수 있는 품종은 대부분 이에 해당한다.
2) 귀화식물: 원래 살던 곳에서 다른 지역으로 옮겨와도 잘 적응하여 자라는 식물.

정원을 위한
식물 편집숍

그린팜널서리의 '널서리Nursery'는 식물을 직접 가꿔
파는 종묘원을 뜻한다. 이 단어에는 어린이를 돌보는
시설인 보육원이라는 또 다른 의미가 있다. 직접 골라온
씨앗을 하나하나 때맞춰 심고 정성으로 키워 내는 그들의
이야기를 듣고 있자면 종묘원보다는 보육원이라는 의미가
더 어울린다는 생각이 든다. 생명이 숨쉬는 조경을 위해
살아있는 재료를 가꾸고 제안하는 이애경 대표의 이야기를
전한다.

**감씨(감): 많은 조경가가 식물 농원으로
그린팜널서리를 추천했다. 어떤 계기로 조경가를
위한 식물을 판매하게 됐나?**

이애경(이): 처음 조경 분야에 발을 들인 것은
2007년 조경 공사를 업으로 하면서부터였다.
그때만 해도 조경 공사를 하는 곳은 도로나 아파트,
공원이 대부분이었기에 농원에서는 공원의
조경수나 가로수에 어울리는 나무만 키웠다. 주택의
정원에는 식물이 정형화되지 않고 자연스럽게
어우러지는 것이 중요한데, 그렇게 쓸 식물이 없어
어려움이 많았다. 꽃도 혼자만 돋보이는 것이
대부분이었다. 답답한 마음에 직접 정원에 어울리는
식물을 모으게 됐고 판매로 이어지면서 유통까지
업역이 넓어졌다. 5년 전부터는 과천에 위치한
1만m² 규모의 농장에서 식물을 재배하며 판매에만
집중하고 있다. 지난 4월에는 6000m²의 규모의
서초점을 열고 그린무어라는 브랜드를 론칭해
해외의 정원용품도 유통하고 있다. 정원에 필요한
모든 제품을 아우르는 것이 목표다.

감: 어떤 식물을 판매하나?

이: 나무부터 초화류까지 주택이나 스테이의 정원에
어울리는 1500여 종의 식물을 취급한다. 판매
비중은 그라스나 처음 심은 자리에서 여러 해 동안
반복해서 자라는 야생화가 60%로 가장 많다.
교목은 10%, 관목과 나머지 초화류가 20~30%를
차지한다.

감: 식물은 어디에서 들여오나?

이: 개발허가를 받은 산에서 나무를 없애기 전에
수형이 자연스러운 것을 골라와 판매한다. 인위적인
손길을 거치지 않았기에 정원에 가장 잘 어울린다.
초화류는 유럽에서 수입한 씨앗이나 뿌리를
농장에서 키워 판매한다.

감: 가격대는 어느 정도 되나?

이: 교목은 크기에 따라서 가격이 천차만별이다.
비싸면 300만 원을 넘어가기도 한다. 야생화나
그라스는 포트의 규격을 기준으로 정한다. 크기가
21cm인 것은 10,000~15,000원, 15cm는
5,000원, 10cm는 1,000~1,500원 정도다.

-
인터뷰 **정경화**
인터뷰이 **그린팜널서리 이애경 대표**

감: 다른 초화류 농장과 비교해 그린팜넬서리의
강점을 소개한다면?

이: 초화류 농장은 수목 농장보다 규모가
영세하다. 대부분 꽃집을 위한 식물을 판매하다
보니 조경가가 원하는 식물을 찾기가 어렵다.
반면, 우리는 규모가 크고, 정원에 필요한 수종을
큐레이션 하여 판매한다. 이곳을 찾는 사람들의
90% 가까이가 조경가 또는 조경 시공자다.

또 한 가지는 식물에 관해 조경가가 알아야
할 다양한 정보를 함께 소개한다는 점이다.
우리는 새로운 식물을 들여오면 최소 1년 이상
직접 재배하면서 변화를 지켜본다. 이렇게 몸소
경험하기도 하고 유통과 시공을 함께 해왔기에
생육 방법부터 환경 조건, 함께 키우면 좋은
수종과 키우면 안 되는 수종 등을 모두 알려줄
수 있다. 사람들에게 많이 알려지고 지금처럼
규모를 키우게 된 것은 다양한 정보를 공유해온
덕이 크다.

감: 최근에는 그라스나 야생화로 꾸민 정원이
인기다.

이: 나무는 어느 정도 자란 것을 심고 크기도 크기
때문에 변화가 적다. 반면, 초화류는 봄에 새싹을
틔우고 성장하다가 겨울이 되면 지상부가 시들고
이듬해 봄에 다시 싹을 틔운다. 이렇게 1년 동안
계속 변하는 모습이 공간을 다채롭게 만든다.

감: 조경 공간에서 나무와 초화류를 다룰 때
차이가 있나?

이: 나무는 몇 개만 심으면 공간이 금방
채워지므로 작업이 쉽고 빠르다. 반면 초화류는
색감이나 높이 등 외관의 조화는 물론 꽃이 피고
지는 시기까지 디테일을 고려해서 배치해야
한다. 여름에 공사를 하면 봄에 이미 꽃을 피우고
진 것, 여름에 피는 것과 가을에 필 것까지
생각해서 함께 계절마다 다양한 꽃을 즐길 수
있다.

감: 최근에 가장 인기 있는 식물은 무엇인가?

이: 러시안세이지가 가장 인기다. 1m 정도로 키가 크고
여름이 되면 보라색 꽃을 피운다. 정원에 있으면 은은한
배경이 되어주고 그라스와 잘 어울려서 사람들이 자주
찾는다. 러시아에서 수입한 식물이라 월동도 가능하다.
버들마편초라 불리는 버베나 보나리엔시스Verbena
bonariensis도 많이 찾는 식물이다. 두 가지 수종 모두
봄부터 가을까지 꽃이 피어 개화 시기가 길다.

1 여러 식물 중에서도 주택이나 스테이의 정원에
  심는 야생화와 그라스의 비중이 높다.
2 사초에베레스트.

서초구에 위치한 그린팜널서리 식물 농원 전경. 약 6000m²의 공간에서는 나무부터 초화류까지 1500여 종의 식물을 만날 수 있다.

감: 해외에서 들여올 때는 어떤 기준으로 식물을 고르나?

이: 기후에 대한 적응력과 과하지 않은 번식력이 가장 중요하다. 그라스의 경우, 자연 발아가 되는 것은 수입하지 않는다. 일례로 안드로포곤이나 팜파스그라스는 외관이 아름답지만, 꽃이 피면 씨앗이 먼지처럼 날리고, 땅에 닿으면 발아해 무한히 증식한다. 이런 식물이 곳곳에 퍼지면 기존의 생태계가 파괴된다. 뿌리가 급속도로 번지는 것도 마찬가지다. 농장에서 1~2년 동안 직접 키워보고 판매하는 것은 이러한 부분을 확인하기 위함도 있다. 문제가 된다고 판단하면 이미 가져온 것도 폐기한다. 농림축산식품부에서 잡초과나 유해식물을 따로 분류하고 있지만, 계속 새로운 원예종이 개발되기에 미처 반영되지 못할 때가 있다. 그래서 보급하는 입장에서 더욱 신중해야 한다.

감: 최근 그라스, 야생화 정원이 유행처럼 늘어나면서 정원의 모습이 획일화된다는 비판도 있다. 식물을 유통하는 입장에서 어떻게 생각하는지 궁금하다.

이: 지금은 유럽 스타일의 정원이 유행이지만 5~6년 정도 지나면 우리나라 식물에 대한 필요성을 느끼고 그에 어울리는 정원으로 바뀔 것이다. 이미 그런 움직임이 나타나고 있다. 현재는 판매 수종에서 토종식물이 차지하는 비중이 10% 내외이지만 앞으로 더 많이 보급하려 한다. 중요한 것은 토종식물에 대한 관심이다. 우리나라는 정원문화가 발달한 지 불과 5~6년밖에 되지 않았다. 그 사이에 외국에서 이미 우리나라의 토종식물을 많이 가져가 개발했다. 미스라일락이나 자주꽃방망이가 그러한 사례다. 상표등록을 마친 식물은 그 나라의 소유가 되기 때문에 비용을 지불하고 수입해야 사용할 수 있다. 지금이라도 토종식물을 지키고 개발하는 것에 힘써야 한다.

이애경 (주식회사 그린팜널서리 대표)
그린팜널서리를 운영하며 다양한 식물을 소개하는 정원가이다. 10여 년 전, 정원에 어울리는 식물의 종자를 직접 수입한 것을 시작으로 다양한 야생화와 그라스, 조경수를 보급하고 있다. 대표 작업으로는 여의도 전경련회관의 옥상, 이천 에덴 메뉴리얼 리조트의 옥상과 주변 공간, 대림 아크로갤러리 조경 공사가 있다.

대표 바닥 포장재 12선

이물질이 많고 요철이 있어 걷기 불편한 곳에는 사람의 발길이 닿지 않는다. 바닥 포장은 이러한 면을
견고하게 다지는 행위로 통행에 불편이 없도록 하고 나아가 동선을 유도하기도 한다. 조경 공간에서
자연과 사람이 어우러질 수 있도록 바닥 면을 책임지는 포장재의 종류를 소개한다.

-

글 박우진

바닥 포장 Paving

조경 공간은 사람의 편의가 고려되어야 하기 때문에 포장 면적이 녹지보다 더
넓은 범위를 차지한다. 바닥을 포장함으로써 얻을 수 있는 효과는 다양하다. 먼저
통행을 위한 기반을 마련하고 안전성을 높인다. 동선을 유도하고 누구나 쉽게 오갈
수 있도록 표면을 매끈하게 만드는 일은 바닥 포장의 기본이다. 다음으로 공간의
분위기나 용도를 형성해 다양성을 창출한다. 포장 면적이 넓은 범위를 차지하는
만큼 포장재의 재질이나 색과 문양으로 장소의 특성을 강화할 수도 있다.
　　　이러한 효과는 어떤 재료를 사용하느냐에 따라 의도가 반감되거나
극대화된다. 소재를 고르는 기준은 상황에 따라 다르겠지만, 공통으로 고려하는
몇 가지가 있다. 첫 번째는 용도를 파악해야 한다. 산책, 운동, 놀이 등 행태에 따라
요구되는 성능이 다르기 때문에 이에 적합한 물성의 포장재를 선택하는 것이
중요하다. 다음은 시공 방법이다. 시공법은 포장 면적의 품질을 좌우하고 전반적인
비용에도 큰 영향을 끼치므로 면밀한 검토가 필요하다. 마지막으로 유지관리가
용이해야 한다. 오랜 기간 사용하다 보면 보수 공사가 필수적이기 때문에 이에 쉽게
대응할 수 있어야 한다.

바닥 포장의 단면

포장된 바닥의 단면은 크게 표층, 기층, 노상으로 나누어져 있다. 표층 Surface
coruse은 가장 위에 있는 면으로 사람이 직접 밟고 다니는 바닥이다. 사람
또는 차량으로 인한 하중을 아래로 분산하는 역할을 하고 보행이 이루어지는
면이기에 미끄럽지 않으면서 평탄 해야 한다. 그 아래는 지반의 수분이 표층으로
빠져나가지 않게 하고 또 한 번 하중을 분산시키는 기층 Base course이 자리잡고
있다. 기층은 보통 모래나 석분으로도 충분하지만, 하중이 크면 작은 돌이나 자갈로
보조기층까지 만들어야 한다. 가장 아래에는 1m 깊이의 노상이 포장면 전체를
지지하고 있다. 만약 노상이 약하다면 포장 두께를 더욱 두껍게 해야 한다.

흙

포장재 중 가장 자연스럽고 감촉이 부드러운 재료다. 투수성1)이 높아 배수가 자연스럽지만, 그만큼 강우에 침식되거나
유실되는 문제가 발생할 수 있어 관리에 특히나 유의해야 한다.

1 마사토 Decomposed granite soil

바닥 포장에 가장 많이 쓰이는 흙이다. 지름이 5mm 이하인 굵은 모래로 먼지나 점토와
같은 불순물이 없는 것을 사용한다. 학교 운동장이나 자연 산책로에서 자주 쓰였으나
비가 오면 질퍽거리는 불편이 있어 우레탄이나 인조잔디로 대체되고 있다.

2 혼합토

마사토에 영양을 더해주는 코코피트2)나 배수 기능을 강화하는 펄라이트3)등의 성분을
섞은 흙이다. 다양한 크기의 흙 알갱이가 섞여 있지만 최대 지름 10mm를 넘지 않아야
하며 유기물이 과하게 함유되면 안된다. 폐기물이 적게 발생하고 토양이 오염되는 것을
방지하는 효과가 있다.

석재

내구성이 강한 고가의 재료로 다양한 색채와 질감 그리고 특유의 고급스러움이 장점이다. 주로 보행로나 광장과 같은 휴게
공간에 적용한다.

1 판석

화강석, 전판암, 현무암 등을 정방형이나 장방형으로 가공한 재료다. 하중을 지지하는
휨 강도가 5MPa 미만인 것을 사용한다. 단 하중을 버텨내는 압축강도가 80MPa
이상이라면 휨강도와 상관없이 적용이 가능하다. 보행할 때 미끄러지지 않도록 표면을
거칠게 만드는 것이 중요하다.

2 사고석

네모 반듯한 정육면체 형태가 특징이고 한 변이 10cm인 정방형의 화강석이 가장 많이
쓰인다. 내구성이 뛰어나고 고급스러움이 돋보여 한옥의 담을 쌓을 때 주로 사용했지만,
최근에는 바닥 포장에도 활발히 이용된다. 특히 전통미가 돋보이는 공간에서 자주 볼 수
있다.

3 자연석

가공하지 않은 천연 상태의 돌이다. 주로 정원과 같은 소규모 보행로에 적용하며 식물과
자연스럽게 어울리는 것이 특징이다. 주로 넓고 납작한 것을 사용하지만, 투박한
자연스러움을 위해 자갈이나 호박돌과 같은 둥근 형태의 석재를 사용하기도 한다.
호박돌은 지름이 9~15cm인 것을, 자갈은 크기가 2~3cm 정도인 것을 사용한다.
다만 자연 재료인 만큼 요철이 있을 수 있어 보행에 불편이 없도록 시공할 때 주의 깊게
관찰해야 한다.

아스팔트 ^{Asphalt}

아스팔트에 자갈이나 모래와 같은 골재를 결합하여 만든 재료로 아스콘^{Asphalt concrete}이라고 부르기도 한다. 표층에 가해진 하중을 노상까지 확산시켜서 절감하기에 도로나 주차장 또는 광장처럼 무거운 무게가 부과되는 곳에 자주 쓰인다. 또한 양생 기간이 필요하지 않아 비교적 빨리 이용할 수 있고 면이 평탄하여 보행하기에도 좋다. 다만 햇빛을 반사하지 못하고 열을 축적하여서 열섬현상을 일으키고 물이 스며들지 못해 홍수를 유발하는 단점이 있다.

콘크리트 ^{Concrete}

물에 섞으면 굳어지는 수경성 시멘트를 주재료로 하는 포장재이다. 아스팔트와 달리 부과되는 하중을 가장 위에 있는 콘크리트 면이 지지한다. 강도가 뛰어나 보행로나 주차장에 자주 쓰이지만, 균열을 방지하고자 줄눈을 삽입해야 한다. 또한 시공을 마치고 나서 1주일 이상 양생 기간이 필요하다.

블록 ^{Block}

형태가 규격화된 포장재이다. 직접 결합하는 방식으로 시공하기 때문에 시공과 유지관리가 용이하다. 소재가 콘크리트, 점토 등으로 다양하고, 재료에 따라 내구성에 큰 차이가 있어 각 재료의 강도를 잘 살펴야 한다. 주로 광장이나 보행로에 쓰인다.

1 소형고압블록 ILP, Interlocking Paver

시멘트와 골재를 섞어 만든 콘크리트 블록으로 인터로킹 블록^{Interlocking block}이라고 부르기도 한다. 지그재그 모양을 한 U형과 직사각형 형상의 I2형이 있으며 색상까지 다양해 사용자가 원하는 대로 패턴을 만들 수 있다. 내구성이 뛰어나고 적정한 강도를 위해 보도용은 6cm, 차도용은 8cm 두께를 사용한다.

2 점토바닥벽돌

점토를 재료로 제작해 질감이 부드럽고, 황토색을 띤다. 벽을 쌓을 때 사용하는 벽돌과 달리 바닥에 깔려 오염물질에 쉽게 노출되므로 흡수율이 10% 이하여야 한다. 또한 충격에 자주 노출되므로 파손을 막기 위해서는 압축강도가 20.58MPa 이상, 휨강도가 5.88MPa 이상인 제품을 사용해야 한다.

3 투수블록

잔디가 생육할 수 있도록 물을 투과시키는 블록이다. 콘크리트, 점토, 합성수지로 만들고, 벽돌처럼 블록에 구멍을 뚫은 것이 특징이다. 주로 공개공지나 주차장에 사용된다. 그러나 과도하게 넓은 면적에 적용하면 사람에게 자주 밟혀 오히려 식물이 불량하게 자랄 수 있다.

기타

자주 쓰이지는 않지만, 공간에 요구되는 성능을 충족시키기 위해 선택적으로 사용하는 포장재이다.

1 우레탄Urethane

우레탄에 프라이머나 경화제, 희석제를 혼합하여 사용하며 탄력이 뛰어나 육상경기장이나 테니스장, 배구장 등 운동 공간에 적용한다. 두께가 5.5mm를 넘지 않도록 여러차례 포설하여 시공하고, 마감 후 7일 이상 양생한다.

2 인조 잔디

섬유로 만든 직물에 일정 길이의 인조 잔디를 부착한 제품이다. 잔디의 효과를 내면서도 유지관리는 훨씬 용이해 운동장이나 옥상 정원 등에 자주 쓰인다. 다만, 열이나 충격에 의해 마모되면 유해물질이 다량 검출되어 피부나 호흡기에 나쁜 영향을 줄 수 있다.

(Tip) 바닥 포장 마감

경계처리Edging

포장 공사를 통해 바닥의 면을 다지고 난 후 녹지와 포장의 경계부에서 토압에 의해 포장이 밀려나지 않도록 끝을 조이는 작업이다. 흙을 막고 식물이 보행로까지 넘어오는 것을 방지해 보행 환경을 쾌적하게 유지한다. 더불어 차도와 보행로를 분리해 차량의 이탈을 방지하고 사람이 보행로를 인지하도록 돕는다.

마운딩Mounding

땅에 흙을 쌓아 인위적으로 작은 언덕을 만드는 것이다. 지반이 얕은 부지에 적용하면 토심을 보충하는 효과를 얻을 수 있다. 덕분에 인공 지반에 뿌리가 큰 수목을 심을 때 자주 쓰인다. 이밖에도 경관과 차폐, 방음의 효과가 있다. 경관을 위한 마운딩은 공원에서 흔히 보이며 각기 다른 높낮이로 조성해 넓은 공간에 입체감을 더해준다. 차폐와 방음을 위한 마운딩은 혐오시설이나 소음이 발생하는 곳을 차단하기 위해 언덕을 높게 쌓아 올려 가리는 용도다. 단, 흙을 과도하게 쌓아 올리면 경관이 둔해질 수 있으므로 주변과의 조화를 살피며 작업해야 한다.

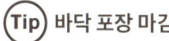

1) 투수성: 물이 토양에 스며드는 성질.
2) 코코피트(Cocopeat): 코코넛 껍질에서 섬유질을 제거한 뒤 가공하여 만든 유기물질.
3) 펄라이트(Perlite): 진주암을 분쇄하여 인공적으로 만든 돌.

녹지에 편리함을 더하는 조경 시설물

길을 안내하는 일부터 산책이나 운동 등의 여가
활동, 공간을 쾌적하게 유지하는 것까지. 녹지를
편리하게 이용할 수 있도록 설치하는 요소를 통칭해
시설물이라고 한다. 녹지를 조성하는 데 요구되는
기능과 각각에 부합하는 시설물의 종류를 살펴본다.

-
글 정신오

편의성을 더하다

초행자에게 길을 안내하고, 산책하다 지친 이들에게 쉼터를
제공하는 등 이용객의 편의를 위해 만들어진 시설물이다.
크게 안내 시설물과 편익 시설물, 휴게 시설물로 구분하고,
통칭하여 옥외 시설물이라고 부른다.

안내 시설물
보행자나 방문객에게 공간에 대한 정보를 전달하고, 목적지까지
안내하는 시설물이다. 목적지의 위치와 방향을 안내하는
유도표지 시설, 시설물에 관한 정보를 전달하는 해설표지
시설, 아파트 단지나 공원 등 대규모 공간의 정보를 종합적으로
안내하는 종합안내표지 시설 그리고 도로의 정보를 전달하는
도로표지 시설이 있다.
　　안내 시설물은 성인이 정면에서 보았을 때 불편함이
없는 높이로 제작한다. 또한 야간에도 쉽게 식별할 수 있도록
야광도료를 도포하거나 조명을 함께 설치한다.

편익 시설물
공간을 편리하게 이용하도록 돕는 시설물이다. 관리사무소나
공중화장실, 전망대, 상점과 같은 건축물을 비롯해 울타리,
난간, 자전거 보관대, 시계탑과 같은 기구 모두 편익 시설물에
해당한다.

휴게 시설물

잠시 휴식할 수 있도록 설치하는 시설물이다. 신체 활동이
이루어지는 다른 시설물과 비교하면 크기, 형태에 대한 기준이
비교적 자유로워서 대개는 공간의 분위기에 맞게 제작하여
설치한다. 벤치와 야외탁자, 퍼걸러가 있다. 벤치는 가장
대표적인 휴게 시설물이다. 공공녹지에서는 앉음판으로
이루어진 것을 자주 쓰지만 이용객이 오래 머무르는 곳에는
등받이가 있는 것을 설치한다. 야외탁자는 벤치와 탁자가
고정된 것을 지칭한다. 각 요소를 개별적으로 움직이기 어려워
이동이 편하도록 간격을 계획하는 것이 중요하다. 일반적으로
앉음판과 탁자 아랫면 사이에는 25~32cm의 간격을 둔다.
퍼걸러Pergola는 기둥 위에 지붕을 얹은 서양식 정자로 햇볕이나
비를 피해 휴식할 목적으로 설치한다. 사방이 트여 있어 통풍이
잘되고 채광을 즐길 수 있고 필요에 따라 벤치나 테이블 세트를
설치하기도 한다.

프로그램을 더하다

용도가 뚜렷하지 않은 조경 공간에 프로그램을 더하는
시설물이다. 놀이나 운동과 같이 시설물을 활용한 역동적인
활동이 이루어지기 때문에 안전성이 요구되고, 크기나
형태, 소재에 대한 기준이 엄격하다. 직접 제작하기보다는
시제품을 사용한다.

운동 및 체력단련 시설물

철봉이나 평행봉, 윗몸일으키기 기구부터 배드민턴장, 농구장,
배구장 등의 체육시설까지 운동하는 데 필요한 모든 시설물을
통칭한다. 신체의 치수와 운동 경기의 규칙에 부합하는
규격으로 제작하고, 주로 목재나 철강, 합성수지, 콘크리트 등을
이용해 만든다.

놀이 시설물

놀이를 위한 시설물이다. 이용객의 연령대에 따라 2~5세를
위한 유아놀이터와 5~12세를 위한 어린이놀이터로 나뉜다.
시소와 같은 흔들 놀이기구부터 회전목마나 뺑뺑이와 같은 회전
놀이기구, 그네, 미끄럼틀, 정글짐 등이 있다.
어린이가 사용하는 공간인 만큼 납, 비소, 수은, 카드뮴처럼
인체에 유해한 물질의 질량이 전체의 0.1% 이하로 적어야 한다.
또한 시설물에 녹이 슬거나 도료가 벗겨지지 않도록 주기적인
관리가 필요하다.

풍경을 풍부하게 만들다

나무나 꽃, 흙 등 조경 공간을 이루는 요소를 한층 빛내어
주는 시설물이다. 물, 암석과 같은 자연재료부터 석상,
벽화와 같은 조형물까지 종류가 다양하다.

수경 시설물

물을 이용한 시설물로, 연출 방식에 따라 물이 고여 있는 연못과
위에서 아래로 떨어지는 폭포·벽천, 아래에서 위로 솟아오르는
분수 등이 있다. 물을 사용하기 때문에 적설이나 동결, 바람과
같은 기후적 특성을 고려하고, 그에 맞춰 수조, 급·배수 시스템,
관리 설비, 방수와 같은 기술적인 요소를 함께 배치해야 한다.

조경석

조경 공간에서 사용하는 100kg 이상의 석재이다. 크게
자연석과 가공석, 인조석으로 구분한다. 자연석은 가공하지
않은 자연 상태의 돌로, 천연석이라고도 부른다. 채집지역에
따라 산석, 하천석, 해석으로 구분한다. 가공석은 자연석을
가공한 것으로, 가공 조경석과 현장 유용석으로 세분된다.
전자는 화강암, 안산암, 사암, 대리석 등의 모서리를 굴삭기나
가공기로 일정 시간 동안 다듬은 것이다. 곡률반지름에 따라
용도가 달라지고, 아파트나 공원에는 15~30cm인 것을
적용한다. 현장 유용석은 공사 현장에서 발생한 돌의 파편을
현장에서 가공한 것이다. 자연석보다 질감이 약하지만 기다란
선형의 부재를 만들기에 적합하다. 인조석은 FRP나 GRC,
GFRC와 같은 섬유강화 소재를 이용해 자연석의 질감을
모사한 제품이다. 주로 기념물이나 석탑, 폭포를 만들 때 쓰인다.

환경조형시설물

조각이나 벽화, 구조물과 같이 환경을 쾌적하고 아름답게
만들기 위해 설치하는 조형물이다. 예술 작품이지만 통행이
이루어지는 곳에 놓이는 만큼 보행자와 소통하는 것이
중요하다. 화려한 색이나 소재로 조형물 자체가 돋보이는
것보다는 건축물과 조화롭게 어우러지는 작품이 적합하다.
환경조형시설물을 설치하지 않을 경우 설치비용의 70%를
문화예술진흥기금으로 납부해야 한다.

경관조명 시설

조경 공간을 입체적으로 연출하거나 색채로 장식 효과를 주기
위해 사용하는 조명 시설이다. 광원과 조명기구를 비롯해 전선,
계량기, 배전반과 같은 배선기구로 이루어진다.

　　경관 조명은 투사 대상에 따라 조명의 위치와 색온도가
조금씩 다르다. 소나무처럼 잎이 가느다란 침엽수는 잎의
표면에 빛을 직접적으로 비춰야 형상을 뚜렷하게 드러낼 수
있다. 반면 벚나무나 단풍나무처럼 잎이 넓은 낙엽수는 조명을
수목의 아래 또는 뒤에 배치해 빛이 잎을 투과하면서 발산되도록
한다. 광원은 수은등이나 메탈할라이드 등처럼 색온도가 높은
것을 써야 식물 본연의 푸른색이 돋보인다. 수목의 줄기나
꽃을 강조할 때는 백열등이나 할로겐과 같이 색온도가 낮은
적색 광원을 사용하기를 권한다. 조형물이나 분수와 같은
시설물이라면 건물 벽면에 그림자를 만들어 입체적으로 연출할
수도 있다.

 **대표 정원 조명**

잔디등 Path lighting

기둥 위에 광원을 얹거나 조명 갓을 덮어 사방을
밝히는 조명이다. 볼라드등, 폴등이라고도 부른다.
어두운 밤길을 밝히는 동시에 오브제의 역할을 하는
것이 특징이다. 식물을 비추기 때문에 주광색의
따뜻한 광원을 사용한다. 잔디등은 20cm로 작은
것부터 1m를 훌쩍 넘는 것까지 형태와 규격이
다양하고, 일반적으로는 식재와 잘 어우러지는
높이를 선택한다.

투사등 Accent lighting

극적인 그림자를 만들어 대상을 강조할 때 사용하는
조명으로, 강조조명이라고도 부른다. 수목이나
계단, 복도와 같은 통행로에 자주 쓰인다. 조명
위치에 따라 위를 향해 빛을 쏘는 업라이팅 기법과
나뭇가지나 퍼걸러 지붕에 설치해 빛을 아래로
향하도록 하는 다운라이팅 기법으로 구분한다.

탄탄한 기본기로 완성한 편리함

한참을 걷다가 앉을 곳을 찾고 식사하기 위해 테이블의
대체재를 마련하는 것처럼 일상에서 무의식적으로
나타나는 행동 가능성을 '어포던스affordance'라고 한다.
시설물은 외부에서 나타나는 어포던스에 적극적으로
대처하며 편리함을 더하는 존재이다. 30년 넘게 시설물을
제작해온 예건은 제품을 좀 더 오랫동안 편안하게 사용하는
방법을 고민한다. 사람의 행태에 최적화된 시설물을 만들기
위해 고군분투하는 그들의 이야기를 담았다.

감씨(감): 시설물의 존재감이 미미하던
1990년부터 시설물을 제작했다. 시설물에
집중하게 된 계기가 궁금하다.
노영일(노): 1980년대에 국민의 생활 수준이
향상되면서 전국적으로 테마파크 붐이 일었고,
대전 엑스포나 1988 서울올림픽과 같은 세계적인
이벤트가 개최됐다. 여러 대규모 문화 공간이
지어진 것에 반해, 그 안에서 사람들이 편의를 누릴
수 있는 시설물은 부족했다. 기성제품이 몇 가지
있기는 했지만 그마저도 콘크리트를 주조해서
만드는 투박한 제품뿐이라 마땅히 설치할 만한
것이 없었다. 시설물의 필요성이 크게 부각되지
않았던 국내와 달리 해외 테마파크에서는 일찍이
공간의 성격에 적합한 벤치를 제작해 사용하고
있었다. 직접 디즈니랜드나 유니버설 스튜디오를
답사하며 시설물의 중요성을 더더욱 실감했다.
이후 업계 최초로 직접 디자인한 알루미늄 사출
벤치를 선보였고, 시설물에 대한 수요가 폭발적으로
증가하면서 제품군을 확장하게 됐다. 지금은
편의성과 휴식, 유희와 같이 시설물 본연의 기능에
충실하면서 오래 사용할 수 있는 제품을 만드는 데
집중하고 있다.

감: 여전히 시설물의 존재를 인지하지 못하는
이들이 많다. 조경 공간에서 시설물은 어떤 역할을
하나?
노: 조경 공간에 편의를 더하는 존재다. 가구와
비슷하다. 다른 점이 있다면 외부에 설치하기 때문에
선택지가 훨씬 적다. 가구는 목재, 석재, 플라스틱,
패브릭, 가죽으로 소재가 다양하지만 시설물은
기껏해야 석재, 목재, 금속 정도다. 불특정한
상황과 이용객을 고려하는 데다 공산품이다 보니
디자인에도 여러 제약이 따른다. 가구보다 형태가
단조로운 것도 이 때문이다. 대신 혹독한 환경에서
더 오랫동안 사용할 수 있다.

감: 시설물의 내구성을 높이는 예건만의 노하우가
있다면?
노: 소재를 오랫동안 연구한다. 현재 시설물에
적용하는 이로코Iroko라는 목재는 서아프리카산
활엽수로, 하드우드 중에서도 휨, 압축 강도가
1~2등급을 차지할 정도로 성능이 우수하다. 우리는
이로코의 표면에 각종 오일 스테인을 발라서 외부에
설치하고, 약 2년간 수시로 표면 상태와 내구성을

인터뷰 정신오
인터뷰이 주식회사 예건 노영일 대표
사진 제공 주식회사 예건

점검하며 외부에 사용해도 문제가 없는지 테스트했다. 이미 국제적인 기준을 통해 성능이 검증됐지만 국내 환경에도 적합한지 자체적으로 한 번 더 확인한 것이다. 단가만 생각한다면 좀 더 저렴한 재료를 선택할 수 있었지만 금세 휘어지고 균열이 생기는 단점이 있어 배제했다. 결과적으로 이용객의 반응이 좋았고, 무엇보다 A/S가 크게 줄었다. 금속은 KS 규격에 부합하는 아연도금강판에 분체 도장해서 사용한다. 빗물이 유입되거나 부식되기 쉬운 부위는 작업 전에 미세한 금속 입자로 표면을 연마하는 쇼트 블라스팅 작업을 거친다. 도막이 얇으면 표면이 벗겨지거나 물이 들어가서 부식될 수 있으므로 만든 후에 반드시 도막 두께를 측정하고, 기준에 부합하지 못한 제품은 도장 면을 전부 벗겨낸 뒤 다시 도색한다.

감: 생산하는 제품군에 대해 소개해 달라.

노: 벤치, 퍼걸러, 티하우스와 같은 조경 휴게 시설물, 데크 시스템과 같은 산림 시설물 그리고 어린이를 위한 놀이 시설물이 있다. 최근에는 수요가 높은 익스트림 스포츠, 반려동물을 위한 특수 시설물도 생산하고 있다. 이 중 제품 종류가 가장 많은 것은 단연 벤치다. 벤치는 사람이 휴식을 취하는 가장 기본적인 행태인 앉는 행위를 책임지는 핵심 시설물이다. 흔히들 벤치가 쉽게 만들어질 것이라고 오해하는데 착좌감을 위해서는 등받이 각도나 앉음판의 높이, 부재 간격까지 세밀하게 고려하여 계획해야 한다.

감: 기성품과 비교해 예건 벤치만의 강점을 꼽자면?

노: 디테일이다. 예전에는 모든 시설물 업체가 벤치의 다리를 H형으로 만들었다. 재료가 적게 들고 금형을 쉽게 분리할 수 있기 때문이다. 생산자 입장에서는 더할 나위 없이 합리적인

형태지만 특징 없이 일률적으로 만들어지는 점이 아쉬웠다. 스퀘어square는 탈형이 쉽고 소재를 적게 사용하는 H형의 장점을 유지하면서 다리를 마름모형의 변단면으로 계획해 더 유려하게 만든 벤치. 설치 과정에서 사용하는 볼트를 디자인 선형 내부에 일체화하기도 했다. 해외에서는 시설물의 위치를 계획 단계부터 결정하기 때문에 고정부를 지면에 숨기는 것이 가능하다. 반면 우리나라는 공사가 끝난 다음에 설치해서 하드웨어 고정부가 그대로 노출된다. 아무리 심플하게 디자인해도 볼트가 노출되면서 이질적으로 느껴질 때가 있다. 스퀘어는 하드웨어를 다리 안쪽으로 숨겨서 눈높이에서 고정부가 잘 보이지 않는다.

디바노Divano 시리즈에서는 디자인적으로도 여러 가지를 시도했다. 디바노는 '소파'를 뜻하는 이태리어로, 이름처럼 소파 측면의 실루엣을 파이프로 모사해 벤치 팔걸이로 적용했다. 자세히 보면 파이프가 등부터 팔걸이 그리고 다리까지 하나의 선으로 부드럽게 이어진다. 이러한 선형 디자인은 선형 자체가 벤치의 조형적인 아름다움을 만들어 내면서 하중을 지탱하는 구조적 기능을 수행한다.

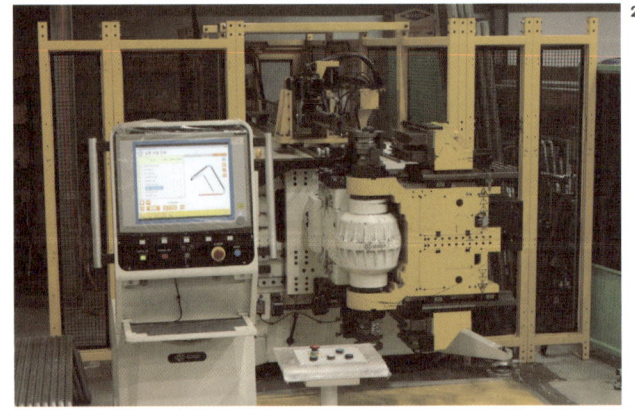

1 소파 측면의 실루엣을 파이프로 재현한 디바노 벤치.
2 자동차 배기구를 만들 때 사용하는 파이프 벤딩 설비. 국내 시설업체 중에서는 예건이 유일하게 보유하고 있다.
3 마름모 형태의 다리를 가진 스퀘어 벤치. 다리 안쪽의 포켓 공간에 하드웨어를 고정한다.

3 감: 시설물에 기술을 더하는 사례가 늘고 있다. 이에
대해 어떻게 생각하는지 궁금하다.

노: 확실히 매년 홀로그램이나 IoT처럼 기술을
접목한 제품이 새롭게 출시되고 있다. 이런 제품이
시선을 사로잡는 것은 맞지만 항상 필요한 것은
아니다. 매일 자극적인 음식을 먹을 수 없는 것처럼
시설물 역시 편의를 위해서는 이벤트성보다
일상성을 우선시하며 사람의 행태를 고려해야
한다. 그렇다고 무조건 배척하는 것은 아니다.
수요가 꾸준하고 유용한 기술이 있다면 적용한다.
스마트퍼걸러는 시설물에 장착된 AI 센서가 바람,
조사량, 우천량을 감지해 블레이드의 각도를
조절한다. 옆면의 쉐이드도 작동이 가능해 필요에
따라 그늘을 만들거나 햇빛과 바람, 비를 막을 수
있다. 우리가 최초로 개발한 것은 아니다. 몇 년
전부터 비슷한 제품이 시장에 출시되고 있다. 우리는
모든 이슈에 발 빠르게 대응기하보다는 오래가는
방법을 고민하고, 합리적인 솔루션을 제안하는 데
집중하려 한다.

**감: 앞으로 시설물이 어떠한 방향으로 변화할
것이라 전망하나?**

노: 팬데믹으로 외부 활동에 제약이 생기면서
자연에 대한 욕구가 강해졌다. 이제는 모두가
공원의 중요성을 인지한다. 하지만 코로나바이러스
감염증19를 겪으면서 불특정 다수와 함께
공간을 공유하는 것에 불안감을 느낀다. 이를
해소하고자 소수를 위한 포켓 공원처럼 개인의
프라이버시가 강조된 소규모 조경 공간이 늘고
있다. 복합주거시설 역시 공용 공간을 작게 쪼개서
분산하는 형태로 바뀌었다. 시설물도 모두가 사용할
수 있는 '공원스러운' 것보다는 크기가 작고, 소수를
타깃으로 하는 정원용 제품이 떠오를 것이다. 아직
정원 시설물을 전문으로 하는 곳은 드문데 앞으로는
이러한 수요에 맞춰 여러 제품을 선보이려 한다.

주식회사 예건 Yekun Corporation
1990년에 창립한 국내 최초의 조경시설물 전문 브랜드로, 변화하는 도시에서 보다 많은 사람들이
편리하고 풍요로운 일상을 누릴 수 있는 방법을 고민한다. '기본에 충실한 미니멀한 디자인'이라는
철학으로 합리적인 구조와 신뢰할 수 있는 제품을 생산하며, 다양한 세대가 즐길 수 있고 자연 환경과
조화를 이루는 친환경적인 제품을 만들기 위해 끊임없이 노력한다.

yekun.com

3

SPACE AND
LANDSCAPE

Landscape in
Private Space

소수를 위한 정원

정원을 만든다는 것은 동경하던 자연 풍경을 내 공간에 들이는 것이다.
히니의 생태계를 품어 지긋이 가꾸고 돌보는 일은 고되지만 온전히 나만을
위해 마련됐다는 이유만으로 큰 위안이 된다.

글 정경화

사적인
공간 속
조경의 면면

조경의 위상이 높아짐에 따라 외부 공간의
모습이 새롭게 변화하고 있다. 고급 주택의
분재나 연못이 떠오르던 정원은 정원주의
취향을 드러내고 생육의 기쁨을 느끼는 곳으로
문턱이 낮아졌다. 카페나 스테이에서도 공간에
어울리는 자연이 필수 요소가 됐다. 각각의
공간에서 조경은 어떤 모습으로 바뀌고 있으며,
정원주는 이 공간을 어떻게 대해야 하는지,
사적인 공간 속 조경의 면면을 소개한다.

글 정경화

스스로 가꾸는 세계, 주택의 정원

코로나바이러스 감염증19 이후 야외 활동과 자연에 대한
욕구가 급격하게 늘었다. 이제 주택의 정원을 조경가에게
의뢰하거나 스스로 조성하는 일이 숱하게 일어난다.
"예전에는 관리를 많이 하지 않아도 되는 정원을 만들어
달라는 요구가 대부분이었어요. 그러다 보니 상대적으로
손이 적게 가는 나무를 주로 심었고 시설물이 차지하는
비중도 컸죠. 최근에는 스스로 가꾸려는 의지를 갖고
의뢰하는 분들이 많습니다. 그러다 보니 식물의 비중이
늘어나는 추세예요." 안마당 더 랩 오현주 대표가 설명하는
최근의 변화다.

상업 공간이나 업무시설 같은 곳은 어느 정도 공공성을 띠지만, 주택은 완전히 사적인 영역이라 건축주의 요구와 취향이 가장 중요하다. 이대길스튜디오 이대길 대표는 "주택을 작업할 때는 조경가보다는 정원을 먼저 경험한 사람의 자세로 접근해 정원주가 정원을 친숙하게 느낄 여건을 조성하는 것에 집중한다"고 말한다. "과실수를 심어 수확의 즐거움을 일깨우거나 좋아하는 식물로 조성해 애정을 느끼도록 만들어줍니다. 저 또한 정원가로 일하고 있지만, 주택의 정원은 정원주가 스스로 만드는 것이 가장 좋다고 생각해요."

정원주가 정원을 계획할 때 생각해야 할 것

그렇다면 주택 정원을 계획 중인 정원주는 무엇을 고려해야 할까? 첫 번째는 조경의 목적이다. 정원에서 할 수 있는 활동은 의외로 다양하다. 운동이나 독서, 가족과의 바비큐 등 어떤 행위가 이루어지는 공간으로 조성할지 그 주제를 고민해야 한다. 다음은 관리에 대한 인식이다. 오현주 대표는 "조경은 관리로 완성되는데, 아직은 그에 대한 인식이 너무 낮다"며, "계획과 공사를 잘 마무리해도 1년 뒤에 가보면 망가져 있을 때가 많다"고 말한다. 정원은 조성한 직후부터 관리가 필요하다. 앞으로 관리를 맡길 것인지, 직접 한다면 얼마나 많은 시간을 할애할 수 있는지를 따져봐야 한다. 직접 관리하더라도 비용은 든다는 점 역시 명심해야 할 사항이다.

단독주택의 정원을 조사한 어느 논문에 따르면, 키우는 식물 중에서 이름을 알고 있는 종류가 많을수록 정원에 대한 만족도가 높다고 한다. 사계절 내내 변화하는 자연을 빠짐없이 볼 수 있다는 것은 아무나 누릴 수 있는 행운이 아니다. 특히 그 풍경이 정원주만을 위해 존재한다면 더욱 소중한 기회다. 사람의 손길을 거쳐 만들어진 공간은 이후로도 꾸준한 돌봄이 필요하다. 지속적으로 관심을 가지고 관리하기만 해도 그 아름다움은 배가 될 것이다.

공간의 화룡점정, 소규모 상업 공간의 정원

상업 공간에서 조경을 하는 이유는 저마다 다르지만, 궁극적인 목표는 수익을 내기 위함이다. 안마당 더 랩 이범수 대표는 "상업 공간은 사람으로 붐벼야 완성되는 공간"이라며, "얼마나 많은 사람을 사로잡을 것인가에 초점을 맞춘다"고 말한다. 상업시설에서 조경을 활용하는 방법은 크게 두 가지로 나뉜다. 하나는 좋은 배경이 되어 건축물을 돋보이게 해주는 것, 또 하나는 콘셉트가 강한 장면을 연출해 분위기를 조성하는 것이다. 정원주의 취향에 따라 방향을 선택하면 되지만 어느 것이든 일관된 상태를 유지하는 것이 중요하다. 주택은 한 사람이 계속 보기 때문에 변화감이 필요한 반면, 상업 공간은 많은 이들이 잠시 머물다 가므로 특정 장면을 만들고 이를 꾸준히 유지하는 것에 더 집중해야 한다.

지속가능한 정원 만들기

지속가능성이 브랜드의 가치를 판단하는 척도 중 하나로 자리 잡으면서 기업에서는 친환경 메시지를 드러내는 방법으로 조경을 활용한다. 녹지가 조성되는 것은 좋은 일이지만 이러한 목적으로 마련된 공간들은 대개 식물에게 가혹한 환경이다. 간판 위의 협소한 공간에 꽃을 빼곡히 심거나 얇은 토심에 큰 나무를 식재하는 식으로 말이다. 이렇게 열악한 상황에서는 식물이 오래 살아남지 못한다. 조경가들은 식물을 단순히 디자인 요소로 생각할 것이 아니라 살아있는 생명체로 바라보는 인식이 필요하다고 말한다. "좀 더 지속가능한 방식으로 정원을 꾸려 식물이 오래 살아갈 수 있었으면 해요. 식물이 고사하면 매번 교체하는 비용도 무시할 수 없습니다." 식물이 뿌리내리고 살아갈 공간은 생육 조건에 맞춰 계획하고 조성하는 것이 가장 먼저입니다. 주식회사 더가든 김봉찬 대표는 더 나아가 "디자인에 치중해 한두 가지 수종만으로 공간을 조성할 것이 아니라 다양한 수종이 실제로 살아갈 수 있는 생태정원을 만들어야 한다"고 말한다. 친환경을 주제로 작품을 만드는 작가가 환경에 미치는 영향이 적은 재료를 고민하듯, 지속가능한 정원도 조경의 작은 요소인 식물에게조차 해가 되지 않는 방법을 고민해야 한다.

내 손으로
가꾸는 자연

많은 이의 노력과 정성으로 정원을
완성했다면, 그 모습을 아름답게 지키는
것은 정원 주인의 몫이다. 정원을 건강하게
가꾸고 관리하는 방법을 소개한다.

-
글 **정경화**
협조 **이대길스튜디오 이대길 대표**

물주기

식물은 기본적으로 물을 이용해 광합성을 한다. 특히 꽃을
피우거나 열매를 맺는 시기에는 에너지를 집중해서 쓰기
때문에 더 많은 양의 수분이 필요하다. 식물이 생장하는
가장 이상적인 방향은 환경에 적합한 수종을 선정하여 따로
물을 주지 않아도 스스로 자라도록 하는 것이다. 하지만
그렇지 못할 때는 주변의 환경과 토양, 수목의 상태를 고려해
수분량을 조절한다. 식물을 새로 심거나 위치를 옮길 때는
낯선 환경에 뿌리를 뻗을 때까지 물을 챙겨줘야 한다. 자리를
잡는 데 걸리는 기간은 몸체의 크기에 비례한다. 크기가 작은
초화류는 4~15일로 충분하지만 나무는 2년 정도로 훨씬
길다. 뿌리내린 후에는 규칙적으로 물을 주는 것이 오히려
나쁠 수 있다. 지극한 보살핌을 받는 것에 익숙해지면 뿌리를
키우지 않기 때문이다. 이때는 일부러 줄기에서 떨어진 곳에
물을 주는 것도 방법이다.

물을 줄 때는 토양의 흡수력과 양, 식물체의 크기를
고려해야 한다. 일반적으로 식물 크기와 뿌리의 양은
비례하므로 크기가 클수록 많은 물을 필요로 한다. 하지만
토양의 성분에 따라 수분을 함유하는 정도가 다르기에
물을 주고 흙을 파보기도 하면서 땅과 가까워지는 시간을
갖기를 바란다. 시기는 한낮보다는 저녁을, 저녁보다는
아침을 권한다. 오전에 내리쬐는 빛의 세기가 광합성을
하기에 더 좋고, 선선할수록 토양이 습기를 오래 머금어
뿌리가 물을 빨아들일 시간이 많기 때문이다. 잎이 습한
상태이면 병원균의 침입을 받기 쉬우므로 오전에 물을
주고서 오후에는 잎을 말리는 것이 좋다. 특히 흰가루병을
비롯해 잎병에 취약한 식물은 잎에 물이 닿지 않도록 해야
한다. 겨울에는 많은 물이 필요하지 않지만, 적설량이 적으면
뿌리가 건조해질 수 있으니 흙이 녹을 정도로 기온이 높은
날을 골라 가장 따뜻한 낮에 물을 주자. 겨우내 잎을 달고
있는 상록수라면 더욱 필요한 일이다.

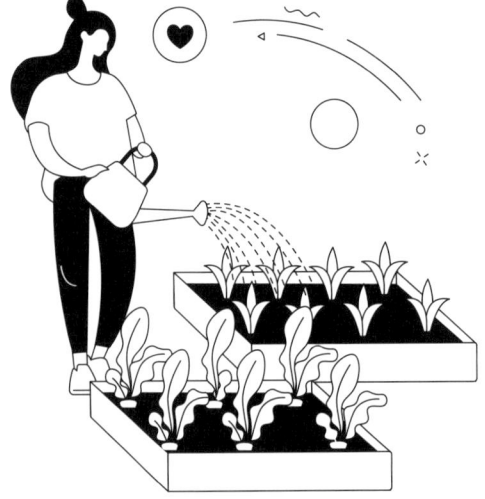

"정원 일의 기본 원칙은 식물을 위하는 것입니다. 마찬가지로 가지치기도 식물을 위한 행위여야 합니다. 현대의 전정학(剪定學)은 수차례의 실험이 증명한 과학이므로 가지치기를 하기에 앞서 이를 공부하는 것이 먼저입니다. 『올바른 나무 전정』 같은 책으로 시작해보기를 권합니다."
_**이대길**(이대길스튜디오 대표)

가지치기

식물은 자라면서 죽거나 병드는 부위가 생긴다. 때로 서로의 성장을 방해하기도 한다. 이럴 때 가지를 잘라 수형을 정돈하는 것을 가지치기라 한다. 정원에서는 통풍이나 외관상의 균형, 하부에 심은 식물의 채광 등 여러 목적으로 가지치기를 한다. 과일나무는 열매가 열릴 가지의 일부를 잘라주는 일 만으로 이후에 열릴 과일에 영양분을 집중시킬 수 있다.

그렇다면 어떤 가지를 잘라야 할까? 우선 죽은 가지를 정리한다. 다음으로 땅속의 뿌리에서 돋아나거나 나란히 자라는 것, 겹쳐 있거나 위로 자라는 등 모양이 비정상적이고 서로의 성장을 방해하는 것을 자른다. 수형을 잡을 때는 가지에 난 눈을 살펴보고 자를 부위를 정한다. 나무는 기본적으로 끝에 달린 끝눈에서 가지를 뻗는다. 만약 키를 키우고 싶다면 옆면에 나는 곁눈 쪽의 가지를 잘라 끝눈에 영양분을 집중시키는 것이 좋다. 가지를 여러 갈래로 만들고 싶다면 끝눈을 잘라 곁눈을 키워야 한다. 또 하나 주의해야 할 것은 눈의 방향이다. 눈이 향하는 방향이 곧 새 가지가 나는 방향이므로 바깥을 향하는 눈의 윗부분을 잘라야 한다.

흙 돌보기

토양은 식물이 뿌리내리고 살아가는 곳인 동시에 눈에
보이지 않는 수많은 생명이 함께 사는 터전이다. 때문에
식물이 잘 자라는 방향으로 흙을 개량하기보다는 토양
자체가 건강할 수 있도록 돌보기를 권한다. 토양에서
살아가는 여러 생물이 식물의 부산물이나 동물의 배설물을
먹고 활발히 활동할수록 흙은 더 건강해진다. 지속가능한
토양을 원한다면 그들을 위한 먹이를 준다는 개념으로
접근하면 좋다. 직접 만든 퇴비는 물론 시중에 판매하는
유기질 비료도 좋은 양분이 된다.

주의할 것은 투여량이다. 양이 지나치게 많으면
식물에게 해롭고 주위 환경을 오염시킨다. 일례로 질소가
과하면 식물체가 연약해지고 키만 계속 자라게 되며,
조직이 연해져 병충해 피해가 증가한다. 주변의 수질을
오염시키기도 한다. 적정한 투여량을 알고 싶다면 꽃이나
열매의 크기, 개수를 보자. 크기가 크고 개수가 많을수록
에너지를 많이 소모하기에 비료도 그만큼 많이 필요하다.
반면 작은 꽃을 피우는 대다수의 야생종은 많은 에너지를
필요로 하지 않는다.

잡초 제거하기

간혹 심은 적 없는 식물이 정원에 들어와 자라는 것을 볼
수 있다. 우리는 이들을 잡초라 부른다. 잡초는 대개 피나
바랭이, 새콩이나 민들레와 같이 빠르게 번식하고 완전히
내쫓기 어려운 종으로, 정원을 어수선하게 만들고 빠른
속도로 덩치를 키워 순식간에 햇빛과 토양의 영양분을
독차지한다. 봄에는 세력이 약한 편이지만 여름이 되면
성장세가 걷잡을 수 없이 빨라지기 때문에 잡초마다
싹을 틔우는 시기를 기억해 두었다가 빠르게 없애는 것이
상책이다. 제거 방법은 여러 가지지만 손으로 뿌리까지
뽑는 것이 가장 효과적이다. 흙을 덮거나 채우는 것도
방법이 된다. 잡초는 마치 대지의 빈틈을 채우는 것이
자신의 역할인 양 빈 흙만 있으면 싹을 틔운다. 지표면을
덮으면서 자라는 습성을 지닌 식물을 심거나 사이가 좋은
식물을 가까이 두어 틈을 없애면 도움이 된다. 자갈과 같은
멀칭재를 5cm 이상 덮어 싹을 틔우는 힘을 조금이나마 줄일
수도 있다. 단, 자연을 가까이 하려는 일이므로 풀을 죽이는
제초제까지는 부디 가지 말도록 하자.

월동하기

우리나라는 같은 겨울이라도 지역에 따라 기온의 차이가 크기 때문에 해당 지역의 겨울 평균 온도를 먼저 살펴야 한다. 크게는 제주도를 포함한 남부지방, 중부지방 내륙과 중부지방 해안으로 구분한다. 남부지방과 해안지역은 온난한 편이라 염려가 적다. 그러나 특히 겨울이 추운 경기도 북부나 강원도에서는 식물을 심기 전에 추위에 대한 내성이 있는지 파악해야 한다. 바람을 맞지 않거나 햇빛이 오래 들기만 해도 겨울을 나는 데 큰 도움이 되므로 이를 고려해서 심기를 권한다. 그럼에도 피해가 염려될 때는 보온 작업을 한다. 나무는 줄기부터 시작해 지면까지 짚으로 꼼꼼하게 덧대어 싸고 짚을 감아 묶어준다. 초화류는 퇴비를 두껍게 뿌리거나 멀칭재로 땅을 덮어 보온해준다. 비교적 캐내기 쉬운 식물이라면 뿌리를 캐어 실내에서 보관했다가 다음 해 화분에 심어 싹을 키운 뒤에 옮겨심기도 한다. 보통 11월 중순이 되기 전에 작업하고 3~4월이 되면 제거한다. 월동 작업은 토양을 한층 건강하게 만드는 효과도 있다. 식물이 뿌리내리기 어려울 정도로 단단하게 언 땅은 적절히 보온함으로써 토양이 가볍게 얼었다 녹기를 반복하는데, 그 과정에서 습기와 공기층이 고루 섞여 봄에 양질의 흙을 만들어 낸다.

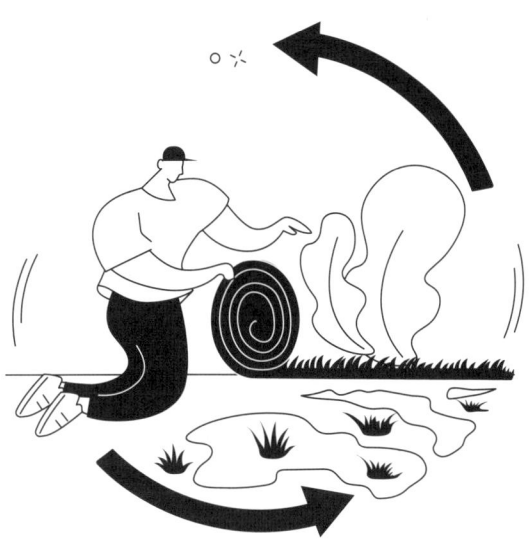

이대길(이대길스튜디오 대표)
전원사이다. 매체와 형시에 얽매이지 않고 전원 일에서 파생될 수 있는 가드닝, 설치, 사운드 등 여러 작업을 한다. 주로 자연에서 목격한 것, 혹은 그로부터 생각할 필요가 있을 자연스러움이 화두가 된다. 원예학을 전공하고 천리포수목원에서 교육과정을 수료한 후 현재 LDGS^{Lee daegil studio}를 운영하고 있다.
daegillee.com

정원 가꾸기 12개월

01

매서운 추위를 견디다

혹독한 겨울이지만 정원에는 여전히 식물이 있다. 추운 계절에도 어김없이 지치지 않고 고개를 내미는 잡초를 미리 뽑아주면 나중의 수고를 덜 수 있다. 겨울에도 잎을 달고 있는 상록수는 눈이 쌓여서 부러지지 않도록 지지대를 세우고 가지가 조밀한 곳을 솎아준다. 토양은 공기가 통하도록 주기적으로 갈아주는 것이 좋다.

02

새로운 시작을 준비하다

잎이 나기 전에 정원의 모습을 다듬고 정리하는 기간이다. 겨울에 꽃이 피는 관목은 낙화 후에 가지치기를 해준다. 아직 쌀쌀하지만 따뜻한 지역에서는 수선화나 히아신스처럼 초봄에 꽃을 피우는 구근식물이 싹을 틔우기 시작한다. 이들이 무럭무럭 자랄 수 있도록 주변의 낙엽이나 지푸라기를 치우고 땅에는 퇴비를 뿌려주자.

03

봄을 맞이하다

땅이 녹기 시작해 식물을 심기에 좋은 시기다. 월동 장비를 치우고 땅에 퇴비를 뿌려 식물이 건강하게 성장할 수 있는 환경을 마련해 준다. 실내에 보관하던 식물 뿌리를 꺼내어 심고 다년생 식물은 가지의 일부를 잘라 번식시킨다. 식물이 싹을 틔우는 만큼 잡초도 속속 자란다. 잡초는 눈에 보이는 즉시 뿌리까지 제거해 두자.

04

초록빛을 드리우다

정원에 많은 꽃이 피었고, 또 피어나기를 기다리고 있다. 식물을 새로 심거나 이식한 곳에는 충분히 물을 주고 잡초를 제거해 정착을 돕는다. 잔디를 심은 곳에는 그 위에 곱고 질이 좋은 흙을 2~5mm 두께로 뿌리는 배토 작업을 한다. 그래야 노출된 줄기가 덮이고 토양이 개량돼 잔디가 더 건강하게 자란다.

05

식물이 왕성하게 자라다

봄에 꽃이 피는 나무는 서둘러 가지치기를 해야 다음 해에 필 꽃눈을 미리 만들 수 있다. 이때를 놓치면 꽃눈도 함께 잘려 올해나 내년에 꽃을 보지 못할 수 있다. 식물이 활발히 자라는 만큼 곤충의 수도 급격히 늘어난다. 진딧물이 슬슬 보이는 계절이기도 하다. 정도가 심하지 않다면 진딧물의 천적이 올 때까지 손으로 잡으면서 시간을 벌어보자. 무당벌레나 꽃등에, 풀잠자리 등 천적이 나타나면 따로 대처하지 않아도 생태계를 이루며 균형을 맞출 것이다.

06

장마에 대비하다

끝나지 않는 장마가 식물을 지치게 한다. 초화류는 고온다습한 기후가 계속되면 웃자랄 수 있다. 키만 크다 보면 작은 힘에도 쉽게 쓰러지고 서로 겹쳐 썩어버리기도 한다. 그럴 가능성이 있는 식물의 경우 이러한 상황을 예방하기 위해 장마가 시작되기 전에 줄기를 지면으로부터 3분의 1 정도만 남기고 자른다. 또 과습으로 인해 식물이 약해지기 쉬우니 배수를 다시 한 번 점검하자.

식물의 생장은 아이가 자라는 모습을 닮았다. 정원을 가꾸는 일 역시 생명을 돌보듯
관심을 가지고 꾸준히 관리해야 한다. 오랫동안 아름다운 정원을 즐길 수 있도록 1년
열두달, 시기마다 정원에서 해야 할 활동을 정리했다.

07

정원의 풍경이 정점에 이르다

더운 여름이 이어지고, 식물은 빠르게
피고 지며 성장한다. 씩씩하게 자라난
식물이 결실을 볼 준비를 마쳤다. 초봄에
꽃을 피운 1년생 식물들은 이미 씨를
맺고 있다. 이때 씨앗을 받아두고 그늘에
잘 말려 보관하면 내년에 또 한 번 반가운
얼굴을 만날 수 있다. 혹여나 태풍 소식이
있다면 거센 바람에 나뭇가지가 부러지지
않도록 가볍게 가지치기해 주자.

08

더위를 피해 잠시 쉬어 가다

사방에 뜨거운 열기가 가득하다. 더위가
주춤하는 새벽이나 늦은 저녁에 뿌리가
적셔질 정도로 충분히 물을 주자. 병충해
피해가 없는지 주의 깊게 살피고 시든
꽃은 그때그때 다듬어 새로운 순이 날
수 있게 한다. 날이 선선해지기 시작하면
새로 식물을 심는 시기가 다가오니 미리
준비하자.

09

수확의 기쁨을 누리다

국화과 식물이 꽃을 피우고 그라스는
풍성한 모습으로 정원을 빛낸다. 가을
정원의 가장 큰 일은 수확이다. 열매와
씨를 받아 보관하고, 내년 봄에 꽃을 피울
구근식물은 캐내어 알뿌리를 나눈 다음
다시 심는다. 장미나 관목은 번식시킬 만한
단단한 가지를 골라 자른 다음 삽목한다.

10

잠시 숨을 고르다

나무를 옮겨심기에 좋은 시기이다. 잎이
떨어진 상태에서는 증산작용[1]으로
수분을 잃을 일이 적으므로 뿌리가 땅에
자리 잡을 때까지 회복 시간을 충분히
가질 수 있다. 그러나 잎이 지지 않는
상록수라면 이때가 아니라 잎갈이를
시작하는 봄에 이식해야 한다. 또
곰팡이에 감염될 징후를 보이는 잔해를
태워 없애고 낙엽을 모아 부엽토를
만든다.

11

겨울나기를 준비하다

꽃은 사라졌지만 대신 상록수의 푸른
잎과 아름다운 수피를 감상하는 즐거움이
있다. 식물은 겨울 정원을 위한 것을
제외하면 죽은 지상부를 잘라내고 뿌리
덮개나 멀칭재를 덮어놓는다. 퇴비를
두껍게 뿌리거나 옷감, 지푸라기 등으로
보온해도 좋다. 추위에 약한 식물은 미리
실내로 옮겨 두자.

12

한해의 정원을 정리하다

월동 작업을 끝내고 사용이 끝난 도구는
깨끗하게 청소해 정리해 둔다. 배롱나무,
감나무처럼 추위에 약한 나무는 볏짚이나
보온재로 감싸 보온한다. 토양에는 퇴비를
뿌려 보양하고 미국선녀벌레, 꽃매미 등이
알을 낳은 가지는 미리 잘라 없앤다.

1) 증산작용: 식물체 속의 물이 수증기가 되어 기공을 통해 밖으로 나오는 현상.

지속가능한 조경을
찾아가는 여정

안마당 더 랩
오현주, 이범수 대표

안마당 더 랩Anmadang The Lab은 그간 주택이나
카페, 스테이의 외부 공간을 주로 작업하며
대중에게 조경의 가치를 알려 왔다. 그들은
"앞으로의 조경은 자연 친화적 디자인이 될
것"이라 말하며 살아있는 식물이 건강하게
지속하는 공간으로 다음 걸음을 내디딘다.
이러한 행보는 식물보다 디자인에 집중했던
지난날에 대한 반성이자 변화하는 시대에 맞춘
전략이다.

-
인터뷰 **정경화**
사진 **노경**(별도 표기 외)

세종시에 위치한 이도커피 사유점. 카페 중앙에 굴곡진 수형의 소사나무를 심어 생명력이 느껴지는
정원을 조성했다.

감씨(감): 우리 주변의 작은 공간을 중심으로 조경 작업을 한다. 어떤 계기로 안마당 더 랩을 개소하게 됐나?

-

오현주(오): 실무를 하면서 대중에게 조경이 너무 먼 존재라는 점이 항상 아쉬웠다. 당시만 해도 조경을 계획하는 공간은 공원이나 아파트를 제외하면 고급 주택이 전부였다. 대중에게 가까워지려면 골목의 작은 공간부터 아름답게 구축되어야 한다고 생각했다. 이것이 바탕이 되어 2016년 안마당 더 랩을 개소했고 주택을 비롯해 사람들 가까이에 있는 공간에 꾸준히 조경 작업을 하고 있다. 최근에는 작업 규모를 좀 더 키우고 공공의 영역으로 나아가고자 노력 중이다.

감: 계획과 시공 작업을 함께 하는 것이 특징이다.

-

오: 조경설계사무소에서 일하면서 설계자와 시공자가 서로를 이해하지 못하는 상황을 자주 겪었다. 설계자는 도면을 줬는데 왜 다르게 나오냐고 항의하고, 시공자는 도면이 아니라 그림을 그려놨다며 반박한다. 각자의 역할이 다르기 때문인데, 작은 공간이라면 두 가지를 모두 직접 해볼 수 있겠다는 판단이 들었다. 그래서 사무실을 개소하고부터는 꾸준히 계획과 시공에 참여했다. 직접 해본 결과 양쪽의 마음을 다 이해하게 됐다. (웃음)

이범수(이): 계획과 시공을 함께 할 때의 가장 큰 장점은 설계 아이디어를 끝까지 밀고 나가 구현할 수 있다는 점이다. 또한 설계자의 입장에서 계속 조율하면서 더 좋은 공간을 만들 수 있다. 조경은 자연을 다루는 일이다 보니 현장에서 도면대로 되지 않는 경우가 비일비재하다. 건축만큼 수치대로 정확하게 작업하기가 어렵고 도면대로 심었더니 별로일 때도 많다. 직접 시공하면 현장에서 이러한 사태에 대응할 수 있다. 물론 옮겨심는 만큼 비용은 손해를 보지만 말이다. (웃음)

감: 조경이 건축물에서 어떤 역할을 하도록 하나?

-

오: 자신의 색이 명확해서 프로젝트마다 일관된 스타일로 작업하는 조경가도 있지만 우리는 영화 속의 배우처럼 건축물에 맞춰 캐릭터를 계속 새롭게 구축한다. 그간의 프로젝트는 정원의 비중이 작았기에 조화로운 배경이 되도록 계획했다. 만약 조경이 주연이 되는 공간이라면 그때는 적극적으로 색을 드러낼 것이다. 항상 우리에게 주어진 역할이 무엇인지를 많이 생각하는 편이다.

전라도 무주의 스테이
서림연가에서는 계절마다
다른 풍경을 즐길 수 있다.

감: 프로젝트를 의뢰하는 사람은 주로 누구인가?

-

오: 90%는 건축가다. 하지만 실제로 공간을 사용하는 것은 정원주이기에 최대한 많이 이야기를 나누고 취향에 맞춰 만들려 하는 편이다.

감: 건축가와 협업하는 과정이 궁금하다.

-

오: 협업의 형태는 굉장히 다양하다. 조격이 투입되는 시기는 프로젝트마다 다르지만, 일반적으로는 건축의 실시설계 단계 또는 착공 후부터다. 건축가가 원하는 분위기를 설명해 주면 이를 참고해 계획안을 잡고 두세 번 정도 피드백을 거쳐 안을 확정한다. 그다음에 실시설계를 한다. 설계하는 기간은 3개월에서 1년 정도로 상황에 따라 바뀐다. 식재 도면도 이때 그린다. 식물 하나하나의 수형과 위치가 중요한 작은 공간은 식재 도면을 80% 가량 그리고 나머지는 구매한 식물을 보며 변경한다. 식물은 규격화된 공산품이 아니기 때문에 실제 모습을 보며 다시 수정해 주어야 한다. 시공은 건축 공사가 끝날 무렵 시작해, 한 달 정도 공사한다. 마지막에 스타일링을 하는 개념이다. 건축 공사와 같이 시작하면 식물이 밟히고 관리가 안 된다. 사실 조경은 건설 과정에서 보면 후속 공정이다 보니 남은 예산이 없을 때가 많다. 더욱이 건축주가 입주를 서두르고 싶어해 촉박하게 진행되는 편이다.

감: 그렇다면 어떤 단계부터 참여하는 것이 더 이상적인가?

-

오: 예전에는 프로젝트 초기부터 함께 하는 것이 이상적이라고 생각했다. 처음부터 작업할 때의 장점은 건물의 배치를 함께 이야기할 수 있다는 점이다. 건축가는 건물 안에서 바깥을 볼 때의 모습을 우선으로 생각하는 반면, 우리는 바깥에서 바라보는 풍경을 먼저 생각한다. 이러한 관점의 차이를 조율하면 조경이 더 잘 어우러지는 공간을 완성할 수 있다. 하지만 요즘에는 건축가가 원하는 위치에 건물을 잘 얹히고 나서 해도 좋다는 생각이다. 옥상이나 실내 조경은 긴밀한 협업이 필요하지만, 우리가 작업하는 프로젝트는 대부분 외부 공간이라 건축물과 영역이 뚜렷하게 나뉘는 편이다. 시기보다는 오히려 업역의 경계가 중요하다. 조경의 방향성을 주는 것은 좋지만 디자인을 풀어내는 것은 우리에게 맡겨주면 좋겠다.

감: 건축가와 좋은 과정을 거쳐 결과까지 성공적이었던 작업을 소개한다면?

-

오: 아키후드건축소사무소에서 설계한 서림연가와 그라운드 아키텍트에서 설계한 어프로치를 소개하고 싶다. 서림연가는 전라북도 무주의 시골 동네에 위치한 스테이다. 시골은 대개 주변 환경이 지저분하기에 차폐를 목적으로 공간을 조성한다. 그런데 이곳은 건축가가 주변을 완전히 차단하는 형태로 건물을 설계한 덕분에 온전히 조경에만 집중할 수 있었다. 스테이를 이용한 투숙객으로부터 조경이 좋다는 후기를 많이 들었는데, 모두 건축물 덕분이다. 보통은 조경이 건물을 돋보이게 하는 배경으로 작용하는데 이 작품은 건축물이 묵직한 배경이 되어 조경을 살려 준다.

1
신용산에 위치한 브런치 카페
어프로치 전경.

2
의자는 토양이 쓸려내려오지
않도록 막는 흙막이이자 물이
흐르는 수로로 역할한다.

이: 어프로치는 신용산역 근처에 자리한 건물을 리모델링해 만든 브런치 카페다. 건축주의 요구를 바탕으로 건축의 콘셉트가 정원까지 일관되게 이어지도록 구현하는데 힘썼다. 지금은 평일에도 대기인원이 많아 우리도 식물이 잘 있는지 보러 가지는 못한다. 이렇게 조경의 목적이 분명하면서 초기 계획대로 잘 이용되어 좋은 결과로 이어질 때 가장 즐겁다. (웃음)

감: 어프로치 프로젝트에서 건축주의 요구는 무엇이었나? 좀 더 자세히 소개해 달라.

-

오: 두 가지 요구 사항이 있었다. 첫 번째는 조경 공간을 활성화하는 것이다. 어프로치는 어두운 지하를 지나 카페의 마당으로 진입하는 동선이라 바닥부터 서서히 보이는 정원이 이곳의 첫인상이다. 중요한 공간인 만큼 건축주는 외부를 잘 조성해서 사람들이 적극적으로 활용하기를 원했다. 처음 현장을 봤을 때 정원에 있는 큰 나무의 이파리 사이로 들어오는 작은 빛이 너무 매력적이었다. 이러한 공간의 장점을 살리기 위해 정원에 최대한 많은 자리를 만들고, 마당에 있던 세 그루의 나무를 남기는 것을 목표로 설계를 시작했다. 우선 대지에 맞춰 ㄷ자로 앉음 벽을 내고 선큰을 파서 좌석을 배치했다. 상대적으로 식물이 자리할 공간이 줄어드는 단점을 해소하기 위해 자연을 느끼는 요소로 수로를 도입했다. 수로는 원목을 그대로 사용해서 제작한 것으로 물이 흐르는 길인 동시에 흙벽이 쓸려 오지 않도록 하는 흙막이이자 의자 등받이로 역할한다. 면적이 작은 만큼 하나의 시설물도 여러 용도로 쓰일 수 있도록 디자인했다. 여기에 물소리라는 수공간만의 특색을 더했다. 보다 넓은 공간에서 청각적 경험을 즐길 수 있도록 목업을 제작해 물이 떨어지면서 내는 소리가 어느 정도의 면적까지 퍼지는지 확인하며 크기를 결정했다.

다른 요구는 영국의 정원 같은 분위기였다. 카페가 도시 한복판에 자리한다는 점을 감안해 영국 시골 오두막의 정원보다는 런던 도심의 외부 공간을 참고했다. 런던은 클래식하고 오래된 건물이 만드는 풍경에 빈티지한 요소와 조경이 섞여 있다. 그 모습을 사례삼아 재질과 색감을 계획하고 재료도 목재와 석재를 사용했다. 바닥은 돌들이 여기저기 다른 모양으로 깔린 런던 거리의 모습을 재현하기 위해 사고석을 여러 색감과 크기로 제작해 포장했다.

감: 요즘 조경에 대한 인식이 많이 변했다. 실제 일하면서도 변화를 느끼나?

-

오: 굉장히 많이 느낀다. 많은 사람이 환경을 생각하고 녹지에 관심을 가진다. 기업에게도 지속가능성이라는 키워드는 필수가 됐다. 예전에는 정원 가꾸기를 더럽고 힘든 일로 인식했다면 요즘에는 가치 있고 흥미로운 일로 생각한다. 작업하는 데에도 도움이 된다. 처음에는 "조경에 설계비가 왜 있죠?"라는 반응이었다면 이제는 "당연히 비용을 지불해야죠"라고 말하는 사람들이 많다.

런던 정원의 빈티지한 느낌을 참고하여
나무와 돌로 공간을 마감했다.

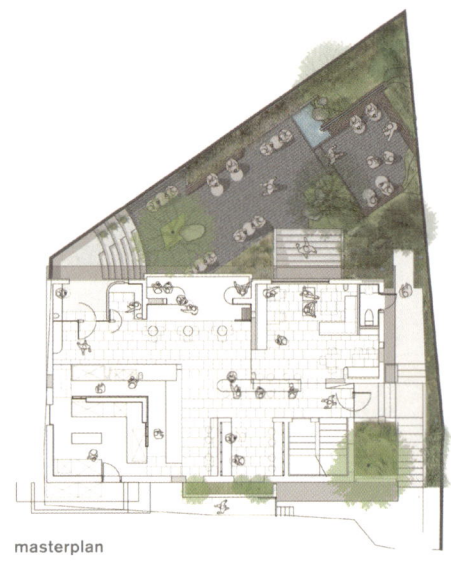

masterplan

이: 건축가의 태도도 달라졌다. 건축이 총괄하는 역할을 맡았다면 조경은 전기, 구조와 같은 협력업체에 불과했다. 사무실로 부르면 들어가야 하는 입장이었다. 공간에서 조경이 차지하는 중요성이 커지면서 요즘에는 건축가가 먼저 연락을 주거나 사무실에 와서 협의하기도 한다.

감: 대중이 많이 찾을수록 조경가는 자신만의 기준을 갖고 제안하는 것이 중요할 것 같다.

-

이: 너무 중요하다. 요즘 카페에서 그라스나 억새 같은 식물로 외부 공간을 채우는 모습이 자주 보이는데, 조경이 일률적인 모습으로 반복해서 소비되는 것같아 안타깝다.

감: 그렇다면 작업할 때 안마당 더 랩만의 기준이나 원칙이 있나?

-

오: 초기에는 식재보다 공간 디자인에 더 힘을 쏟았다. 1, 2cm에 집착하고 선이 강한 디자인을 했다. 초기에 계획한 이미지에 맞춰 식물의 수형과 높이, 열을 세세하게 조정했다. 잘 자라고 있어도 계획과 다르면 가지를 쳐내며 계속 손을 봤다. 투블럭 머리를 유지하기 위해 계속 관리하는 것처럼 말이다. 하지만 여러 프로젝트를 경험하면서 점점 바뀌었다. 이제는 식물이 잘 살 수 있게 만드는 것이 첫 번째고 디자인은 그다음이다. 디자인이 아무리 좋아도 식물이 살기 어려울 것 같으면 수정한다.

감: 그러한 방향으로 작업한 프로젝트가 있나?

-

오: 아파랏체 건축사사무소와 작업하고 있는 인포멀 가든은 자연이 이미 훌륭해서 식물을 가져다 두는 것이 크게 의미가 없었다. 사람들을 끌어들일 다른 요소를 고민하다가 생각한 것이 물이었다. 우리는 주변 환경과 조화롭게 어우러질 수 있도록 펌프 같은 인위적인 방법 대신 대상지에 떨어진 비를 이용했다. 처마에 떨어진 빗물은 수로를 통해 모이며 웅덩이를 만들고, 남아있는 물은 서서히 증발되면서 다시 자연으로 돌아간다. 떨어지는 물이 수로를 따라 흐르도록 한 것이 곧 조경의 콘셉트이자 시스템이 된 셈이다.

안마당 더 랩
상생의 가치 아래 균형과 단순, 조화, 대비 등 다양한 디자인 철학을 담아 외부 공간을 기획, 설계, 시공하는 디자인 작업실이다. 좋은 공간이 우리의 삶을 개선시킨다는 믿음으로 여러 용도와 규모의 프로젝트를 이어가고 있다.
anmadangthelab.com

Landscape in
Architecture

건축물의 조경

ⓒ오영훈

도심에서 조경은 쾌적한 생활환경을 조성하는 동시에 여러 환경 문제를 해소하는
열쇠가 된다. 때로 그 면적이 방 한 칸 정도로 턱없이 작기도 하지만 존재만으로도
삭막한 도심에 숨통이 되어준다. 도시에 자리한 여러 녹지 중 건축물의 실외에
조성된 조경 공간을 살핀다.

글 정신오

빌딩 숲 사이에서
발견하는 녹음

국내에서는 200m² 이상의 대지에 건물을 짓는 경우 조경 공간을 마련하도록 법으로 규정한다. 조경 면적은 지역, 용도에 따라 차이가 있지만 대개 연면적을 기준으로 산정하고, 2000m² 이상인 건축물은 대지 면적의 15% 이상, 1000m² 이상인 건축물은 10% 이상, 1000m² 미만은 대지면적 5% 이상을 녹지로 조성해야 한다. 건축물 한 켠에 마련된 녹지는 크게 조경 공간과 공개공지 그리고 인공 지반 조경으로 세분된다.

-

글 정신오

공개공지 POPS, Private Owned Public Space

도로와 건물 사이, 어느 곳에도 속하지 않은 여지(餘地)가 있다. 사유지이지만 모두가 이용할 수 있는 독특한 성격의 땅으로 '공개공지'라고 한다. 대개 공공에게 편의를 제공하고, 도로환경을 개선할 목적으로 만들어진다. 공개공지를 조성하는 경우 개인의 땅을 공익을 위해 개방하는 만큼 지역에서 규정하는 용적률과 높이 기준의 1.2배를 완화하는 혜택을 제공하고 있다.

우리나라는 1991년에 처음으로 공개공지에 대한 법안을 제정했으나 2000년대까지 크게 활용되지 못했다. 대개는 휴게 시설물을 배치하거나 나무를 심는 정도로 조성하며 건축물의 배경처럼 사용했다. 공개공지가 건물과 적극적으로 관계 맺기 시작한 것은 2010년부터다. 자연을 가까이 두려는 수요가 증가함에 따라 법안도 서서히 구체화 되었다. 현재는 「건축법」 제27조의 2를 통해 대지 면적의 10% 이하를 공개공지로 조성할 것을 규정한다. 이 밖에도 2021년에는 건물 내부에 녹지를 조경 면적으로 포함하는 '실내형 공개공지' 제도를 도입하는 등 녹지의 비중을 높이려는 시도가 늘고 있다.

유형

공개공지는 건물의 이용객과 보행자의 통행로로 쓰이고, 대개는 앉아서 이야기를 나누거나 쉬어 가는 등 잠깐의 휴식을 목적으로 조성된다. 이렇듯 대부분 쓰임은 비슷하지만, 유동 인구와 조경 면적에 따라 조금씩 유형을 달리한다. 공개공지의 면적이 500m² 이상으로 크거나 근린공원과 접한다면 산책로나 운동, 놀이시설물을 배치해 공원처럼 계획한다. 면적이 500m² 이상이라도 유동 인구가 많다면 넓은 공터를 확보해 광장형으로 만드는 것이 적합하다. 공개공지의 면적이 좁고 보행자가 많다면 통행로를 조성하되 곳곳에 벤치를 두어 가로 휴게용으로 계획하기를 권한다.

공개공지는 건물 이용객과 보행자의 통행로이자 잠시 휴식하는 쉼터로 조성된다.

식재

공공성을 갖는 공간이기에 관리가 까다로운 식물보다는 환경의 영향을 적게 받는 수종이
적합하다. 초화류보다는 나무, 특히 교목류를 활용한다. 공개공지에 자주 쓰이는 수종을
살펴보면, 상록교목으로는 소나무, 측백나무, 잣나무, 대나무, 향나무가, 낙엽교목으로는
단풍나무, 느티나무, 대왕참나무, 이팝나무, 벚나무, 배롱나무, 은행나무, 아카시아나무,
목련이 대표적이다. 관목류로는 회양목, 눈주목, 철쭉, 사철나무 등이 있다.

국내에서는 녹지가 단조로워지는 것을 방지하기 위해 수목의 종류와 수에 대한
가이드라인을 만들었다. 상업지역에서는 1m²당 교목과 관목을 각각 0.1주 이상, 공장과
같이 대기오염이 상대적으로 심한 산업·공업 지역에서는 1m²당 교목을 0.3주 이상,
관목을 1.0주 이상 심어야 한다.

(Tip) 최초의 공개공지 제도

공개공지 제도의 시초는 1961년 뉴욕시에서 시작된 '인센티브 지역제Incentive
Zoning'다. 783.8km²의 땅을 80×274m로 일정하게 나눈 뉴욕의 도로 구조는 도시를
관리하기에는 효과적이지만 풍경이 반복된다는 단점이 있다. 인센티브 지역제는
상업·주거 지역의 사유지 내에 광장, 아케이드와 같은 공공 공간을 조성할 경우 건축물의
용적률을 최대 20%까지 허용함으로써 밋밋한 도시에 자발적으로 조경 공간을
마련하도록 유도한다. 덕분에 1961년 이후, 뉴욕시에 많은 공개공지가 조성되었다.
이후에는 디자인 가이드라인을 강화해 공개공지의 질을 향상시키고, 유지관리의 문제를
해결했다. 이 밖에도 효용성이 떨어지는 규정은 폐지하고, 시민의 제보를 통해 점검하는
등 다채로운 녹지를 조성하기 위해 끊임없이 노력한다.

뉴욕은 도시를 80×274m로
나누면서 단조로워진 도로
경관을 개선하기 위해 인센티브
지역제를 도입했다.

성수동 코너25의 옥상정원. 목재로
선베드를 만들고, 주변에 나무수국을 심어
풍성함을 더했다.

인공 지반 조경

법으로 공개공지의 비율을 정해 녹지를 확보하고 있지만 지가가 높은 도심 특성상
규정 이상으로 조성하는 경우는 드물다. 건물의 면적이 수익으로 이어지기
때문이다. 대개는 건폐율에 맞춰 건물을 짓고, 이마저도 재산권을 침해한다는
반발이 심하다. 이에 옥상이나 테라스에 정원을 만드는 등 구조체 위에 자연 지반과
유사한 토양층을 형성해서 녹지를 확보하는 사례가 늘고 있다.

국내에서 인공 지반 조경을 고려하기 시작한 것은 1980년으로, 옥상에
조성하는 조경을 대지 내 조경 면적으로 포함하는 법안을 제정하고부터다.
제정됐을 당시에는 크게 효력을 발휘하지 못했지만 1997년 정부에서 옥상녹화를
주도하고, 사업비를 지원하면서 본격적으로 확대됐다. 오늘날에는 단순히 자연
지반의 조경을 회피하는 목적을 넘어 탄소중립을 실현하는 수단으로 고려되며
빠르게 확산되고 있다.

유형
인공 지반 조경은 위치에 따라 옥상녹화와 벽면녹화로 구분한다. 전자는 지표면에서
높이가 2m 이상인 곳에 설치한 조경이다. 잔디류부터 초화류, 나무류까지 다양한
식물을 심을 수 있으나 외기에 직접적인 영향을 받기 때문에 강한 바람이나 건조한
환경에서 잘 자라는 식재를 사용한다.

벽면녹화는 담장이나 건물의 벽면, 옹벽 등 수직의 구조체 위에 조성한 조경이다.
식물의 생장 방식을 기준으로 벽면에 부착하여 자생하는 등반부착형, 네트나 등반
보조재를 감고 올라가는 등반감기형, 위에서 아래로 자라는 하수형, 위아래 양방향으로
자라는 등반하수 병용형 그리고 식재 모듈이나 플랜트를 벽면에 피복시켜 식물을 키우는
탈부착형 다섯 가지로 구분한다. 식재는 무거운 열매가 열리는 과실수보다는 무게가
가볍고 다른 물건에 감겨 자라는 덩굴, 담쟁이형이 적합하다.

토심
인공 지반을 조성할 때는 식물이 자라는 바탕이자 수분의 공급원인, 토양의 깊이(이하
토심)를 충분히 확보하는 것이 중요하다. 우리나라에서는 조경 기준을 통해 식물 종류별
최소 토심을 규정한다. 관상용 그라스류를 심는 경우에는 배수층을 제외하고 15cm
이상, 소관목은 30cm, 대관목은 45cm, 교목은 70cm 이상의 토심이 필요하다. 단,
깊이가 깊을수록 구조체에 전달되는 하중이 커지기 때문에 구조적인 부분도 함께
고려되어야 한다. 벽면녹화는 녹화부를 지탱하거나 식물이 생장하는 데 기반이 되는
녹화 보조재를 함께 설치해야 한다.

배수
인공 지반에서 사용한 물이 땅에 안착하도록 처리하는 작업이다. 우선 시공 과정에서
옥상 슬래브의 표면을 방수 처리하고, 두께가 100mm가 되도록 누름콘크리트를
포설한다. 그다음 식물을 심는 구역에 배수판을 설치한다. 이때 물을 흘려보내기 위해
만든 경사가 사라지지 않도록 주의하자. 배수판을 설치하면 플랜터에 부직포를 먼저
펼치고 흙을 채운다. 부직포는 이물질을 거르고, 물을 흘려보내 토양이 배관으로
혼입되는 것을 막는다. 앵커를 이용해 시설물을 설치하는 경우에는 누름콘크리트의
높이보다 작은 크기의 하드웨어를 사용해야 방수층이 훼손되지 않는다.

식물이 풍경을 이루는 과정

조경은 식물이라는 자연 재료를 사용하지만 숲과 달리 인위적으로 조성하기에 배치를 계획하고, 생장할 수 있는 환경을 만드는 것이 중요하다. 살아있는 재료, 식물을 활용해 녹지를 형성하는 과정을 들여다본다.

또 하나의 생태계를 구축하다
군락 식재

식물이 낯선 곳에서 잘 생장할 수 있도록 서식지와 유사한 환경을 만드는 작업이다. 특수한 환경에서 서식하거나 특정 수목을 복원할 때 쓰인다. 조성 방법에 따라 보통 식재, 복사 식재, 보통 이식, 복사 이식의 네 가지로 구분한다.

보통 식재는 사용하는 식물의 종류를 분류하고, 연구자료를 바탕으로 각각에 적합한 토지 환경을 조사한 뒤 그에 맞춰 심는 방법이다. 여러 종류의 식물을 식재할 때에는 효율적이지만 개별 식물에 세심하게 대응하지 못한다는 단점이 있다. **복사 식재**는 목표로 하는 군락의 식생 구조를 조사하기 위해 그와 동일한 환경을 만드는 것으로, 특정한 군락을 부지에 조성할 때 쓰인다. **보통 이식**은 개발지역의 수목을 부지로 옮겨심을 때 활용한다. 보통 식재와 마찬가지로 기본 연구자료를 바탕으로 수목을 식재한다. **복사 이식**은 군락 전체를 부지로 옮겨심는 방식이다. 주로 보존 가치가 높은 지역에서 자라거나 희소한 수목을 심을 때 적용한다.

국내에서는 보통 이식이 일반적이었으나, 수목이 환경에 적응하지 못하는 사례가 늘면서 모델 식재와 군락 이식으로 바뀌는 추세이다.

군락을 디자인하다
배식 설계 Planting Design

공공녹지에 식물을 배식할 때는 이용객의 성격과 동선, 주변 환경 등을 고려해야 한다. 배식은 디자인에 따라 **정형식**과 **자연식** 그리고 두 가지를 혼합한 **절충식**으로 나뉜다. 때로 그 모습은 정형과 자연, 절충으로 단언하기 어렵지만, 원리와 방법을 이해하면 상황에 적합한 방법을 선택하고 응용할 수 있다.

정형 배식

수목을 기하학적으로 정돈하여 배치하는 방식이다. 인공적인 조형미에 집중하며 유럽을 중심으로 발달했다. 잎이 작거나 뾰족한 상록수를 사용하고, 주기적으로 가지를 다듬는 토피어리Topiary 작업을 통해 일정한 형태를 유지한다. 대표 기법으로는 **직선 식재**와 **무늬 식재**로 나뉜다.

　직선 식재는 수목을 일렬로 배치하는 방식이다. 방향성이 명확해 관찰자의 시선을 집중시키거나 동선을 유도할 때 적합하다. 두세 가지의 수종을 반복해서 사용해 리듬감을 주는 것도 가능하다. 그러나 과도한 규칙으로 인해 자율성이 떨어지는 단점이 있다. **무늬 식재 기법**은 키가 작은 수목을 이용해 패턴을 만드는 방식이다. 17세기에 완성된 프랑스의 베르사유Versailles 정원이 대표 사례다. 그러나 장식성이 강하고, 조성 면적이 넓을 때 효과적이라 현대에는 잘 쓰이지 않는다.

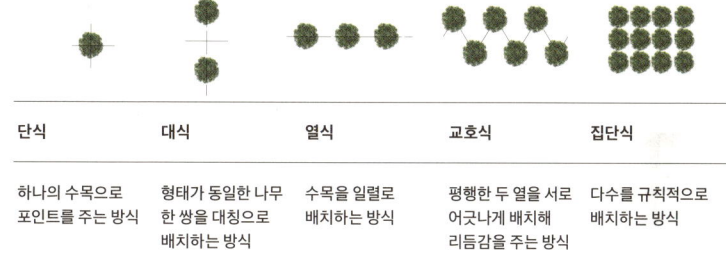

단식	대식	열식	교호식	집단식
하나의 수목으로 포인트를 주는 방식	형태가 동일한 나무 한 쌍을 대칭으로 배치하는 방식	수목을 일렬로 배치하는 방식	평행한 두 열을 서로 어긋나게 배치해 리듬감을 주는 방식	다수를 규칙적으로 배치하는 방식

자연 배식

선이나 형태에 구애 받지 않고 자유롭게 식물을 배치하는 방식으로 자연스러운 아름다움을 추구한다. 주로 동양을 중심으로 발달했으며 키가 큰 대교목이나 작은 소관목으로 경관을 구성한다. 조형미에 집중하여 선, 규칙성을 지키는 정형 배식과 달리 특별한 기법을 두지 않고 자유롭게 배치한다. 대신 중심을 잡는 주목(注木)을 기준으로 수목을 비대칭하게 심어 경관에 균형감을 더한다.

산재 식재	부등변삼각형 식재	임의 식재/ 혼식
한 그루씩 드물게 흩어지도록 심어 하나의 무늬처럼 보이게 하는 방식	크기가 다른 세 그루의 수목을 부등변삼각형 형태로 배치하는 방식. 키가 큰 나무가 주목이 되어 정원의 중심을 잡아준다.	부등변삼각형을 확장한 방식. 서로 다른 크기와 형상의 수목이 일렬이 되지 않도록 심는다.

공공녹지의
유지관리

글 정신오

정원주가 직접 관리하는 개인 정원과 달리 공공녹지는 자격을 갖춘
관리자나 업체가 정기적으로 점검한다. 유지관리는 매일 상태를 확인하는
일상점검과 일정 기간마다 상태를 확인하는 정기점검, 그리고 자연재해나
사고와 같이 특수한 경우에 하는 특별점검으로 나뉜다. 공공녹지에 자주
쓰이는 목본류와 시설물을 중심으로 유지관리 방법을 안내한다.

ⓒjwi

목본류

공간의 이용객이나 날씨와 같은 외부 환경으로부터 개체를 보호하고, 자연재해에
대비하여 건강하게 자랄 수 있도록 관리한다.

관수

수목이 생육하는 데 필요한 수분을 공급하는 작업으로 식물의 수분 적응 능력에 따라
관수주기가 다르다. 물을 좋아하는 수국이라면 2~3일에 한 번 뿌리까지 충분히 적신다.
반면 소나무는 수분이 적어도 잘 자라기 때문에 관수 주기가 상대적으로 길다.
　　관수는 도랑식과 침수식, 스프링쿨러식 그리고 물주머니 방식이 있다. 도랑식Furrow
Irrigation은 수목 주변의 땅을 파서 물을 주는 방식이다. 모든 면을 고르게 적셔서 뿌리가
균일하게 수분을 섭취할 수 있다. 침수식은 수관[1]의 둘레를 따라 30cm 높이의
흙을 쌓고 호스나 스프링쿨러로 관수하는 방식이다. 급수식이라고도 부른다. 수관의
둘레만큼만 단을 쌓으면 돼 작업이 비교적 단순하지만, 급수구의 위치나 토성으로 인해
물이 고르게 공급되지 못하는 단점이 있다. 스프링쿨러식은 스프링쿨러를 이용해 물을
주는 방식이다. 큰 면적을 빠르고 균일하게 관리할 수 있어 공원, 광장과 같은 대규모
공간에 자주 쓰인다. 마지막은 물주머니를 끈으로 묶어 나무에 고정한 뒤 호스를 설치해
2~3일간 물을 주입하는 방식이다. 설치 방법이 간단하고, 조절기로 공급량을 설정할 수
있어 대로변처럼 통행량이 많은 부지에서 활용한다.

  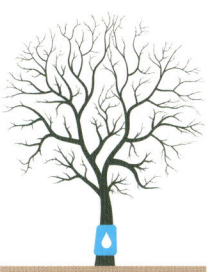

나무의 관수법.
(왼쪽부터) 침수식, 도랑식, 스프링쿨러식, 물주머니 방식.

나무의 시비법.
(왼쪽부터) 윤상, 방사상, 점상, 선상

비료 주기

수목이 건강하게 자라도록 양분을 주는 작업이다. 시비(施肥)라고도 하며, 땅을
20~30cm로 판 후 비료를 넣고 흙을 덮는 순서로 이루어진다.

시비 방법은 나무의 상태에 따라 조금씩 다르다. 생장 중인 나무라면 수관의 둘레를
따라 폭이 20~30cm인 도랑을 파서 비료를 주는 윤상 시비법을 적용한다. 뿌리가
상하기 쉬운 노목은 나무의 중심에서 밖으로 퍼지는 형태로 비료를 주는 방사상 시비법을
이용한다. 액체 상태의 비료는 크게 구덩이를 파기보다는 작게 구멍을 뚫는 점상 시비법이
적합하다. 수목이 울타리처럼 연속적으로 심어진 곳이라면 수목으로부터 일정한 간격을
두고 길게 도랑을 파서 거름을 준다. 단, 한여름에 시비하면 병충해를 일으킬 수 있으므로
7~10월은 피하는 것이 좋다. 또 비료를 뿌리와 가까운 곳에 주면 흙의 염류 농도가
높아져서 수목이 물을 흡수하지 못하기 때문에 일정 거리를 두고 시비해야 한다.

병충해

바이러스나 곰팡이, 진딧물과 같은 해충으로부터 피해를 입지 않도록 주기적으로
관리하는 작업이다. 크게 예방과 치료로 나뉜다. 전자는 병이 생기기 전에 식물을
건강한 상태로 유지하는 방법이다. 통풍이 충분히 이루어지도록 가지를 정리하거나
뿌리가 썩지 않게 비료량을 조절하는 것, 토양을 소독하는 것이 이에 해당한다.
치료는 피해를 입은 수목에 병원균을 제거하는 것이다. 대개는 약제를 살포하거나
전염되었던 부위의 가지와 잎을 잘라서 소각한다.

월동

기온이 급격하게 떨어지면 나무가 얼고, 잎의 가장자리가 괴사하여 갈색으로 변한다.
배롱나무, 후박나무처럼 추위에 약한 수목에게 동해현상은 치명적이다. 때문에 11월부터
표면을 짚으로 감싸는 월동 작업을 한다.

바람이 강한 곳에 식재한 수목은 지지대를 대고, 바깥에 방풍막을 두른다. 심은 지
얼마되지 않았다면 짚이나 겨로 뿌리 부분을 덮고, 줄기를 감싸서 보온한다. 소나무나
낙엽활엽수는 수피 틈으로 해충이 파고들 수 있어 지표면에서부터 1.2~1.5m를 짚으로
감싸는 잠복소를 설치한다. 잠복소는 봄이 오기 전인 2~3월에는 걷어야 유충의 피해를
막을 수 있다.

시설물

시설물을 오래 사용하면 균열이나 부식이 발생하기 때문에 식물과 마찬가지로
일상, 정기, 특별 점검을 통한 관리가 필요하다.

표면 마감

오염이나 부식, 도장 벗겨짐 등 시설물의 마감 상태를 확인하는 작업으로 소재에 따라
점검 사항이 조금씩 다르다. 습기에 약한 목재는 갈라짐이나 부패가 없는지 확인한다.
목재가 갈라졌을 때에는 퍼티로 틈을 채우고, 사포로 문질러 표면을 매끈하게 다듬는다.
부패했다면 끌이나 대패, 칼로 해당 부위를 제거하고, 스테인이나 바니시로 도장하자.
철재는 물리적 힘에 의해 휘거나 끊어진 부분이 없는지 확인한다. 변형됐다면 나무망치로
두들겨 원상태로 복구한다. 절단된 부위는 용접으로 연결한 뒤 그라인더로 잔해를
갈아낸 다음 도장한다. 습기로 인해 부식됐다면 브러시나 사포로 표면을 닦아낸다. 단,
부식이 심하면 해당 부위를 자르고 새로운 재료를 덧대어 용접해야 한다.

안전성

시설물로 인해 사람이 다치거나 피해를 입지 않도록 형태와 작동성을 점검하는 작업이다.
모서리와 같은 날카로운 부위는 둥글게 처리하고, 계단이나 복도처럼 통행량이 많은 곳은
표면이 마모되어 미끄러지지는 않는지 확인한다. 놀이기구나 체력단련 시설은 역동적인
활동이 이루어지므로 작동성을 중심으로 관리한다. 이음매가 무리 없이 작동하는지
확인하고, 기둥이나 밧줄과 연결되는 기구는 늘어짐이 없는지 점검한다. 평소 활용
모습을 지켜보며 쓰임에 맞게 안전하게 이용되는지 확인하는 것도 중요하다.

1) 수관: 교목에서 줄기의 윗부분에 퍼져 있는 가지와 잎.

시설물을 오랫동안 쾌적하게
사용하기 위해서는 표면 상태와
안전성으로 주기적으로 점검하고
관리하는 작업이 필요하다.

©Yekun Corporation

조경과 건축의
이인삼각

제이더블유랜드스케이프
정욱주 대표

©유청오

조경가와 건축가는 사용하는 재료도, 계획하는
요소도 조금씩 다르다. 하지만 이용자에게 더
나은 공간과 경험을 제공하겠다는 일념만은
같다. 관점이나 견해는 다르지만 공통된 목표를
향해 발맞춰 나아가는 모습은 서로 어깨를
맞잡고 한 몸처럼 달리는 이인삼각을 닮았다.

-
인터뷰 **정신오**

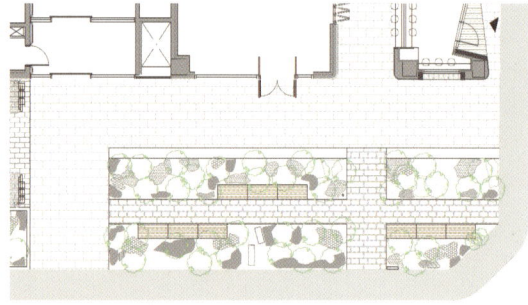

1
성수동 우란문화재단의 공개공지.

2
백색의 콘크리트 입면과 조화를
이루도록 수피가 하얀 자작나무를
배치하고, 억새와 같은 그라스류를 심어
입체적인 풍경을 조성했다.

3
우란 1층하부(공개공지) 평면도.

감씨(감): 건물을 용도에 따라 상업, 업무 등으로 구분하는 것처럼 조경도 쓰임에 따라 종류를 나누는지 궁금하다.

-

정욱주(정): 행태에 따라 분류하기는 하지만 건축만큼 기능적으로 접근하지는 않는다. 대표적으로 공원에서 이루어지는 모든 활동이 조경의 용도다.

감: 건축에서는 실의 용도를 바탕으로 공간의 뼈대를 잡는데, 조경에서는 무엇을 기준으로 설계하나?

-

정: 건축은 이용자가 꽤 구체적이다. 교육 공간이라면 학생, 업무 시설이라면 회사원처럼 말이다. 인원도 대략 예측이 가능하다. 반면 조경은 사용자와 인원을 가늠하기가 어렵다. 공공성이 강해서 용도를 규정해도 계획대로 쓰이지 않는 경우가 부지기수다. 이용자에 따라 매번 쓰임이 달라지다 보니 벤치를 설치해서 쉴 수 있는 환경을 만들거나 단을 높여 버스킹을 할 수 있는 분위기를 연출하는 식으로 원하는 행태가 일어나도록 유도하는 편이다.

감: 공원과 비교하면 상업 공간이나 업무 시설은 상대적으로 이용객이 정해져 있는 편인데, 건축물에 조경을 계획할 때도 마찬가지인가?

-

정: 테라스나 옥상정원처럼 외부인에게 노출되지 않는 곳은 정원주의 요구를 반영해서 계획한다. 하지만 공개공지는 지역 주민, 지나가던 행인까지 여러 사람을 위해 마련된 공간이다. 공공을 대상으로 조성됐다는 점이 공원과 동일하다. 차이가 있다면 민간 소유의 대지이고 세금이 아닌 비용으로 만들어진다는 점이다. 녹지는 용적률을 높이기 위해 형식적으로 조성하지만, 본래의 취지를 잘 살리면 건축주와 건축가, 조경가의 힘으로 가로환경을 더 나은 모습으로 개선할 수 있다. 보행 중에 마땅히 앉을 곳을 찾기 힘든 서울의 거리에 절묘하게 활용된다면 큰 효과를 발휘할 수 있는 제도이다.

감: 개인적으로는 우란문화재단이 도시 속 조경의 역할을 잘 보여준 사례라고 생각한다.

-

정: 우란문화재단은 층마다 정원의 성격이 조금씩 다르다. 공개공지를 포함한 1층 조경 공간은 건물의 이용객은 물론 카페 손님, 성수동에 놀러 온 이들까지 다양한 사람들이 사용할 수 있는 정원이다. 이곳에서는 나무가 내어주는 그늘 아래에 잠시 앉아 쉬고 이야기를 나누는 이합집산의 행태를 쉽게 관찰할 수 있다. 식재는 관리가 크게 필요하지 않은 목본류를 먼저 배치하고, 곳곳에 홍조팝이나 미스김라일락, 구절초, 사계소국처럼 꽃이 피는 식물을 심어 입체감을 더했다.

1

2

3

4층의 테라스정원은 직원만을 위한 공간으로, 1층보다 훨씬 사적이다. 건물에 상주하는 이들을 위한 장소인 만큼 계절의 변화를 풍부하게 즐길 수 있도록 매발톱이나 앵초, 해국과 같은 초화류를 중심으로 계획했다. 나무도 진달래나 히어리, 모란, 조팝처럼 꽃이 매력적인 관목류를 심었다. 12층의 옥상정원은 11층 F&B 매장의 테라스로 쓰인다. 개인을 위한 공간은 아니지만, 매장을 방문하는 손님만 사용할 수 있다는 점에서 반공공성을 띤다. 이곳에는 이용객의 편의를 위해 테이블을 배치할 수 있도록 데크 공간을 마련했다. 전망이 가능한 발코니 주변에는 노루오줌, 비베나, 국화 등의 초화류를 심어 감성을 더했다.

감: 건축물과 조화를 이루기 위해 신경 쓴 부분이 있다면?
-

정: 우란문화재단은 1~2층을 백색 콘크리트로 마감했다. 도화지처럼 아무것도 없는 깨끗한 바탕에 어떤 수목으로 질감을 입혀 입체적인 입면을 만들지 고민했고, 최종적으로 자작나무를 선택했다. 자작나무는 수피가 흰색이라 하얀 입면과 이질감 없이 잘 어울린다. 수형이 길고 곧게 자라는 데다 가지가 얇아 잎을 겹쳐도 부담스럽지 않다. 또 빛을 받으면 나무의 그림자가 입면에 맺히면서 건물의 모습을 한층 풍성하게 만든다.

감: 제주도 상예동의 근린시설은 조경이 건축물의 면적보다 더 넓은 만큼 조경가의 역할이 특히 중요했을 듯하다.
-

정: 땅이 넓을수록 할 일이 늘어나는 것은 사실이다. 하지만 조경가의 계획보다는 다듬는 작업이 더 중요할 때가 있다. 자연경관이 훌륭할수록 더 그러하다. 자연 요소를 재료로 활용하는 직업인만큼 아름다운 경관을 보면 더 꾸미기보다는 잘 보존해서 오랫동안 지켜보고 싶은 마음이랄까?(웃음)

감: '다듬었다'는 구체적으로 어떤 작업인가?
-

정: 주변 환경과 조화를 이루도록 요소를 더하거나 없애는 일이다. 상예동 근린시설에는 부지 남동측에 자리한 대왕수천 방향으로 작은 개천을 만들어 계곡의 물길이 부지에서 시작되는 듯한 풍경을 연출했다. 그다음 환경에 따라 권역을 나누고 현무암, 물, 억새와 같은 제주의 자연 요소를 차용해 다양한 경관을 경험할 수 있게 했다. 햇볕이 잘 드는 전면에는 억새와 팽나무가 바람에 따라 일렁여서 시각·촉각적으로 자연을 즐길 수 있다. 건물 안마당에는 단을 높이고 데크를 덮어서 버스킹과 같은 행사의 무대로 활용이 가능하다. 그늘이 잘 지는 뒷면에는 고사리와 같은 음지식물을 배치해 온대림의 모습을 담았다.

1
건물에 상주하는 이들을 위해 마련된 4층 테라스정원.

2, 3
12층 옥상정원. F&B 공간으로 활용할 수 있도록 바닥에 데크를 깔고, 전망대 앞으로 그라스류를 식재했다.

1
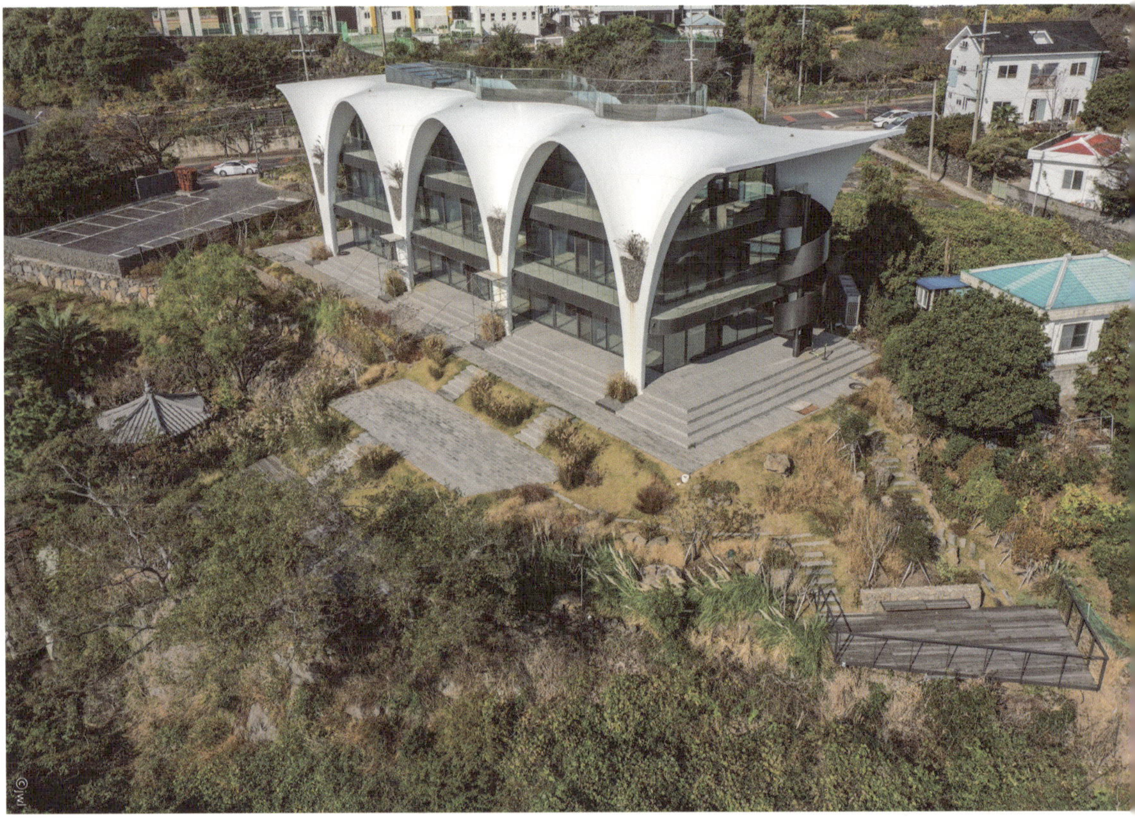

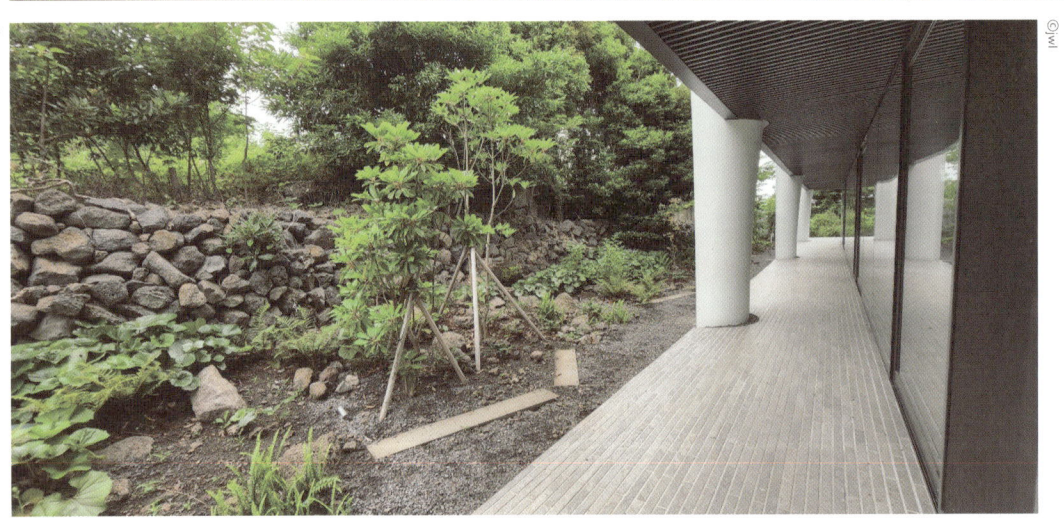

2

1 제주도 상예동에 위치한 근린시설 전경. 환경에 따라 권역을 나누고, 각기 다른 식물을 심었다.
2 그늘이 잘지는 북측에는 음지식물을 심어 온대림의 풍경을 연출했다.

감: 건축과 조경이 비슷하다고 생각했는데 두 분야의
작업이 많이 다른 듯하다.

-

정: 건축가와 조경가는 대지에 대한 관점 차이가
있다. 도시 차원에서 본다면 건축은 특정 대상의
형상을, 조경은 그 바탕을 디자인하는 작업이다.
하지만 국내에서는 조경이 아닌 부대토목이 건축과
더욱 긴밀한 관계를 맺으며 기능·효율성에 기반해
지형을 디자인한다. 조경은 부대토목 이후에
예쁘게 꾸미는 정도로 인식하는 것이 일반적이다.

　대지는 주변 환경과 건축을 이어주는
연결고리이다. 지형설계를 함께 계획해야 건축물이
더 자연스럽게 안착해 주변 환경과 조화롭게
이어질 수 있다. 건축과 조경이 좀더 긴밀한
디자인 파트너가 된다면 건축물을 빛내는 것은
물론 이용객에게 더 나은 보행 경험을 제공하고,
밋밋했던 도시 경관을 개선할 수 있다.

감: 하지만 안타깝게도 아직은 건축가와 조경가가
협업하는 일이 드물다. 대개는 건축주의 몫으로
남기거나 건축가가 직접 계획한다. 이에 대해
조경가로서 어떤 의견을 가지고 있는지 궁금하다.

-

정: 공간감이 좋다면 외부까지 계획해도 좋다.
영역을 침범한다고는 생각하지 않는다. 하지만
조경은 계획이 끝이 아니다. 처음 모습을 오랫동안
간직하고 즐기기 위해서는 꾸준한 관리가
필요하다. 조경이 건축과 다른 산업으로 분리된
이유도 설계 외에 더 많은 것을 신경 써야 하기
때문이다. 건축가가 조경을 계획해도 괜찮지만
살아있는 재료를 다루는 일인만큼 조성 후의
변화까지 더 세심하게 다뤄줬으면 한다. 그것이
어렵다면 그 분야를 전문으로 하고, 오랫동안
경험한 우리에게 맡기는 것도 좋지 않을까? (웃음)

정욱주(제이더블유랜드스케이프 *JW Landscape* **대표)**
서울대학교와 펜실베이니아 대학교에서 조경학을 전공하고, 필드오퍼레이션스 Field Operations
등에서 실무를 한 뒤 2005년부터 서울대학교 조경학과 교수로 재직중이다. 2014년
제이더블유렌드스케이프를 개소하여 대지의 기능·경관·문화적 가치를 증진하는 다양한
프로젝트를 수행하고 있다.
www.jwlandscape.net

건축물이
풍경이 될 때

디자인스튜디오 로사이
박승진 대표

건축이 수익을 창출하는 행위로 이어지면서
건폐율에 꼭 맞게 건물을 짓는 것이 보편화되고
있다. 상대적으로 수익성이 낮은 외부 공간은
가장 저렴하고 구하기 쉬운 재료로 조성되기
일쑤다. 이렇게 자본주의가 최우선으로
고려되는 시대에 공공을 위해 선뜻 내어준
녹지를 보면 괜한 애틋함이 생긴다. 따뜻한
배려로 도시의 풍경을 생동감 있게 바꾸어낸
프로젝트를 소개한다.

-
인터뷰 **정신오**
사진 **design studio loci** (별도 표기 외)

감씨(감): 여러 건축물에 조경을 계획했다. 개인적으로는 브릭웰의 정원이 특히 기억에 남는다. 작은 골목 사이에 쉼터처럼 놓인 모습이 숲속의 옹달샘을 닮았다.

-

박승진(박): 브릭웰은 현재 전시·문화 공간으로 이용되고 있지만 원래는 건축주의 사무실로 검토되었다. 외부 공간 역시 사적인 정원으로 계획할 수 있었고, 부지도 법적조경면적을 확보하지 않아도 되는 조건이었다. 그럼에도 공공을 위해 개방한 이유는 부지 양쪽의 골목을 연결하겠다는 건축주의 생각 때문이었다. 브릭웰의 옆에는 천연기념물이었던 백송의 흔적이 남겨진 백송터가 자리하고 있다. 기념적인 공간이라 찾아오는 이들이 꽤 많은데, 원래 이곳을 방문하려면 주택의 담장을 피해 골목길 어귀를 크게 돌아야 했다. 이 점을 인지한 건축주는 백송터에 쉽게 도착할 수 있도록 브릭웰을 가로질러 양 옆의 골목을 오갈 수 있는 정원을 요청했다.

　　건축가는 요구에 맞춰 1층 전체를 기둥으로 띄우고, 우물을 연상케 하는 원형의 수직 아트리움을 만들었다. 우리는 그 아래에 얕은 연못을 조성해 건축물을 가로지르도록 동선을 유도했다. 수공간 주변에는 키가 크고, 수형이 곧은 야광나무를 심어 모든 층에서 자연을 즐길 수 있게 했다. 또 국수나무나 노루오줌, 마삭줄처럼 상대적으로 키가 낮은 나무와 지피식물을 배치해 친근감을 더했다.

감: 브릭웰이 휴먼스케일의 공간이었다면 아모레퍼시픽 본사의 조경은 훨씬 규모가 크다. 특별히 건축가가 요구했던 점이 있었나?

-

박: 지명설계공모를 거치면서 건물 배치, 실내 공간이 결정됐고, 조경의 위치와 면적, 콘셉트 역시 어느 정도 기획됐다. 당선안을 살펴보면 조경 공간은 1층 공개공지와 5층, 11층, 17층의 공중정원으로 계획되어 있다. 우리는 초기 기획에서 벗어나지 않도록 콘셉트를 유지하면서 공간을 구현했다.

감: 초기 기획은 무엇이었나?

-

박: 모든 조경 요소가 곡선을 띠는 것이다. 아모레퍼시픽 본사는 건물이 반듯한 직육면체 형상이다. 외관뿐 아니라 실내도 직육면체의 상자를 중첩한 모습이다. 건축이 모두 직선이니 조경에서 만큼은 그것을 완전히 배제하려 했다. 이 원칙을 바탕으로 곡률이나 마운딩 정도를 조정해 유선형의 정원을 조성했다.

1
브릭웰은 백송터로 향하는 길목이 자연스럽게 이어지도록 1층 전체를 띄우고, 수직의 아트리움을 만들었다.

2
브릭웰 1층 평면도.
1 대니무 2 야광나무
3 국수나무, 병아리꽃나무, 위실나무,
관중, 마삭줄, 노루오줌 등
4 시페루스 털부처꽃, 수련, 해오리비난초

2

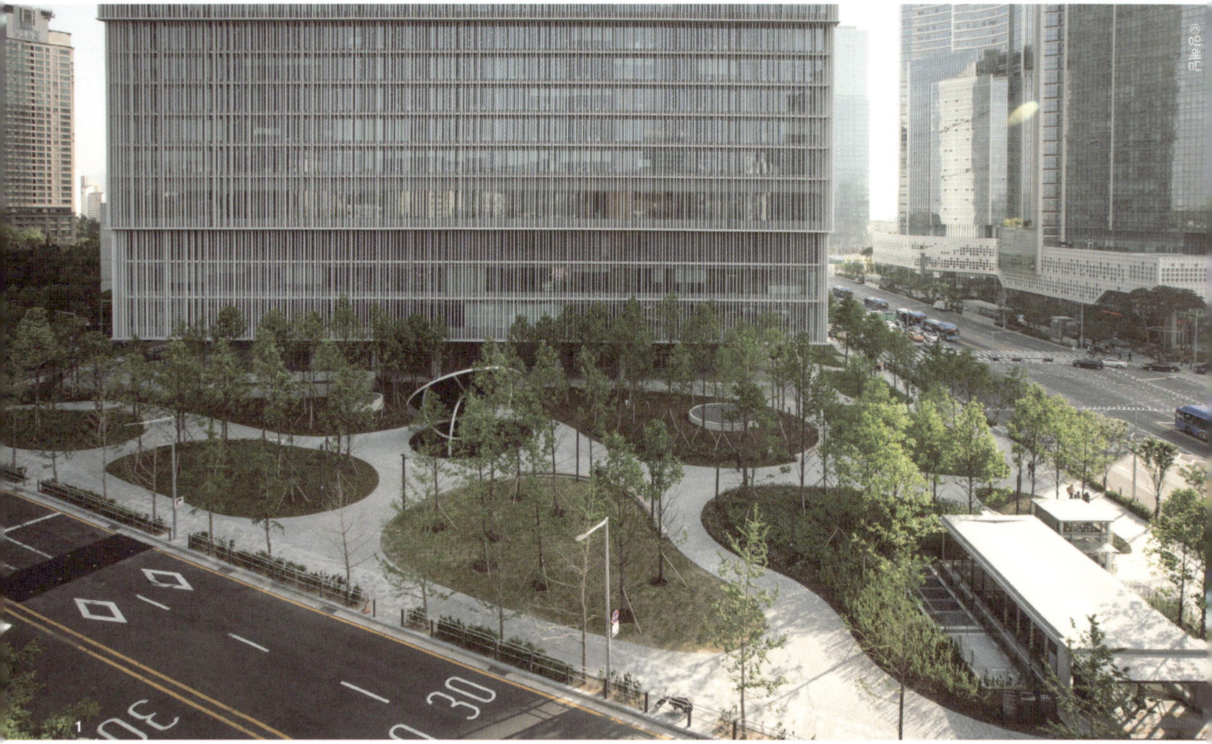

1

2

3

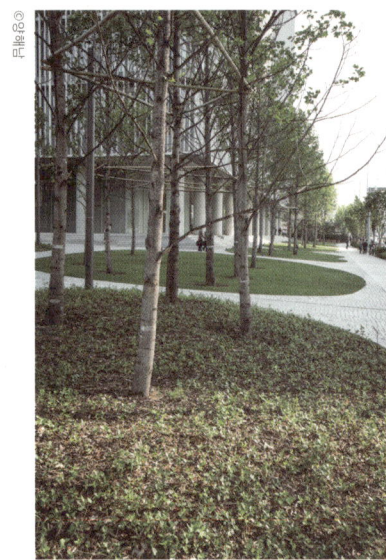

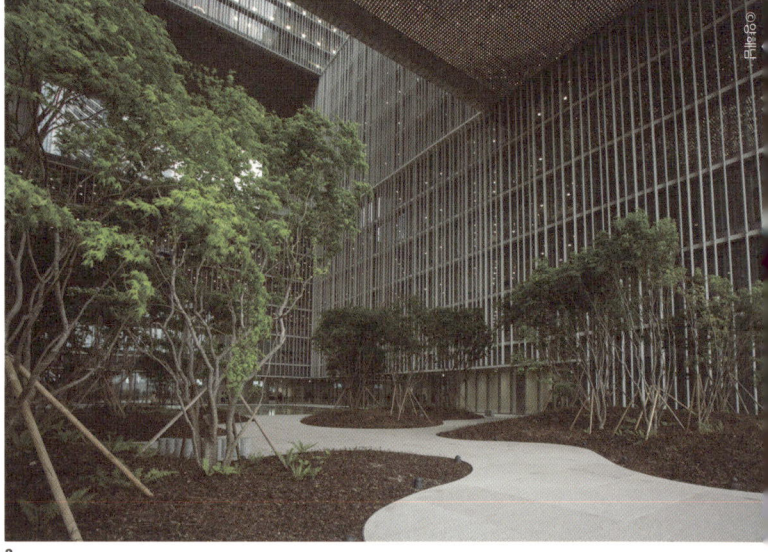

1, 2 아모레퍼시픽 본사 1층 녹지 전경. 도심에서는 보기 힘든 백합나무를 맘껏 즐길 수 있다.
3 아모레퍼시픽 본사 5층 공중정원 전경. 외부에서 식사나 모임을 할 수 있도록 조성했다.

감: 층마다 접근성이 다른 만큼 각 정원의 성격이
조금씩 다를듯하다.

-

박: 공중정원은 건물의 이용자를 위해 마련됐지만
층마다 성격이 약간씩 다르다. 규모가 가장 큰
5층에서는 직원들이 식사를 하고 이야기를
나누며 소소한 모임을 갖는다. 11층과 17층에서는
일하다가 잠시 나와 숨을 돌리며 휴식을 취한다.
반면 1층은 외부인과 함께 이용하는 장소다.
크게 도로 주변의 조경 공간, 건물의 이용자부터
보행자까지 모두가 사용할 수 있는 공개공지
그리고 부지 옆에 마련된 가로공원으로 이루어져
있다. 원래 가로공원은 용산구에서 관리하는
공원이었으나 기부채납[1] 받으면서 공개공지처럼
이용된다. 우리는 세 공간을 합쳐서 공원처럼
사용할 수 있도록 계획했다. 공간을 구획할 때도
공원의 스케일에 맞게 큼직하고 단순한 형태로
조성했다. 식재는 백합나무 한 종류만 100주 이상
심었다. 이만한 규모에 한 종류의 나무만 심은
공간은 서울시에서 유일할 것이다.

감: 특별히 백합나무를 선택한 이유가 있나?

-

박: 색다른 수목을 경험하게 해주고 싶었다.
백합나무는 한 때 바이오매스용 조림수종으로
지정되어서 도심에서는 자주 쓰이지 않는다. 쉽게
볼 수 없으니 이곳에서만큼은 맘껏 즐길 수 있기를
바랐다. 나무의 특성도 한몫했다. 아모레퍼시픽
본사는 22층, 연면적 18만 8902m² 규모로
건물이 크기 때문에 키가 큰 나무를 배치해야
조경 효과를 극대화할 수 있다. 그런 면에서 빨리
자라는 백합나무의 특성이 크게 작용했다. 가지가
가지런하고 정연하게 자라서 직육면체의 공간과도
잘 어울린다.

감: 공중정원에서는 어떤 식물을 심었나?

-

박: 5층과 11층에는 가지가 펼쳐지듯 갈라지면서
자라는 다간형 단풍나무를 심었다. 그 아래에는
줄사철, 마삭줄과 같은 지피식물을 심어 바닥을
감쌌다. 17층은 바람의 영향을 많이 받고, 건물의
모서리와 가깝기 때문에 키 큰 나무를 심으면
직육면체의 볼륨감을 깨트릴 수 있어 진달래처럼
키가 작은 관목을 심었다.

감: 식재를 선택하는 기준은 무엇인가?

-

박: 환경을 중점적으로 고려했다. 원래
계획단계에서 건축가가 지정한 식재는 소나무였다.
한국을 대표하는 수종이라는 이유에서였는데,
소나무는 양지식물이라 햇볕이 잘 드는 공간에
심어야 한다. 그러나 공중정원은 위가 아닌 측면이
뚫려 있어 그늘이 잘 지고, 바람의 영향을 많이
받는다. 결국 일조의 영향을 적게 받고 가지가
유연해 바람이 불어도 넘어갈 위험이 적은
단풍나무를 택했다. 줄사철이나 마삭줄 역시
어두운 곳에서도 잘 자라는 특성을 고려해 골랐다.

1) 기부채납: 국가나 지방 자치 단체가 기반 시설을 확충하기
  위하여 사업 시행자로부터 재산을 무상으로 받아들이는
  일. 사업 시행자에게는 용적률이나 건물 층수를 완화하는
  혜택이 제공된다.

아모레퍼시픽 본사 11층 공중정원 전경.
유선형의 선이 직육면체의 공간에 부드러움을 더해준다.

감: 대규모 공간으로 조성된 만큼 관리에 대한 계획도
까다로웠을 것 같다.

-

박: 면적이 넓다 보니 매일 관리하기 힘들다.
그래서 정해진 시간에 물을 주는 자동 관수설비를
설치하고, 물이 고이면 빠질 수 있도록 배수구도
촘촘히 배치했다. 식재기반에 문제가 생기는 경우를
대비해 사람이 들어가기 충분한 크기의 점검구도
두었다. 아모레퍼시픽 본사는 설계할 때부터 키
큰 나무를 고려했고 토심으로 2m의 여유 공간을
두었기에 가능했지만, 일반적으로는 관리를 위해
이렇게 세밀하게 계획하지 않는다. 대개는 배수
상태를 확인할 수 있는 정도의 크기로 점검구만
만든다.

감: 브릭웰과 아모레퍼시픽 본사를 비롯해 여러
프로젝트에서 수공간을 조성했다.

-

박: 물은 아래로 흐르기도, 위로 솟구치기도
한다. 얼면 주변을 투영해 액체 상태일 때와는
또 다른 느낌을 자아낸다. 이렇듯 연출 방식에
따라 분위기가 달라지는 점이 매력적이어서 자주
사용한다. 브릭웰도 물을 사용하지 않았다면
단조로웠을 것이다. 움직이고, 주변을 투영한다는
점은 다른 조경 요소와 구분되는 특징이다.

감: 충청북도 음성에 위치한 풀무원 식품 공장에서는
물을 좀더 적극적으로 사용했다.

-

박: 풀무원 식품 공장은 콩나물처럼 수경 재배하는
채소를 생산해 다른 곳보다 물을 많이 배출한다.
물의 정원은 이 과정에서 발생하는 재배수를
재활용할 목적으로 계획되었다.
　　우리는 지하 정수시설 위로 물을 모으고,
애기부들이나 무늬갈대, 폰테데리아처럼 키가
큰 수생식물을 심어 정원을 조성했다. 또 물
위를 걷는 느낌을 주기 위해 아래가 훤히 보이는
그레이팅으로 보행로를 만들었다.

충청북도 음성에 위치한 풀무원 식품 공장의 정원. 채소를 생산하고 남은 재배수를
활용해 조경 공간을 조성했다.

감: 물속에 수목을 심는 데 어려움은 없었나?

-

박: 땅에 심는 것과 크게 다르지 않다. 다만 공간의 성격에 따라 약간의 차이가 있다. 식물을 정해진 자리에 영구적으로 심을 때에는 물속에 흙을 채우는 것이 일반적이다. 반면 일시적으로 심거나 식재, 배치를 자주 바꾸는 공간이라면 식물을 화분에 심은 채로 수중에서 배치하는 인공적 방법이 적합하다. 물의 정원은 일반적인 방법을 이용할 수 있었지만 영양분이 많은 식품 공장 특성상 식물이 과도하게 번식할 위험이 있었다. 그래서 정수시설 위에 콘크리트로 벽을 세워 고정형 플랜터를 만들고, 그 안에 흙을 채워서 식물을 심는 인공적 방법을 적용했다.

감: 공공 건축물에 조경 공간을 고민하는 이들이 상기해야 할 점이 있다면?

-

박: 항상 관리가 문제다. 자연이기 때문에 따로 관리할 필요가 없다고 생각하는데 절대 그렇지 않다. 병에 걸릴 수도, 자연재해로 인해 꺾일 수도 있다. 영문도 모른 채 시드는 나무도 있다. 식물 역시 사람과 같은 생명체이기에 관심을 갖고 꾸준히 관리해줘야 하는데 우리나라는 만드는 데만 치중하고 이후 관리에는 소홀하다. 식물은 애정을 가지고 오랫동안 지켜봐야 하고, 거기에는 비용과 노력이 수반된다는 점을 인지해야 한다. 요즘에는 관리만 전문으로 하는 업체도 있으니 직접 하는 게 부담이라면 이런 곳에 의뢰해도 좋겠다.

감: 국내에서는 「건축법」의 조경 기준에 따라 녹지를 관리하고 있다. 이러한 제도가 도시에 녹지를 조성하는 데 어떤 영향을 미치나?

-

박: 도시에서 민간이 짓는 건축물은 대개 수익성을 위해 용적률을 최대한으로 채워서 지워진다. 모두가 이 방식을 취하면 도시는 도로와 건물로 빼곡해진다. 이를 방지하고자 법으로 조경의 비율을 규정해 녹지를 확보하도록 한다. 물론 공개공지의 역할과 가치를 인지하고, 비용을 투자하는 일부 건축주도 있지만 소수의 선의만으로 환경을 개선하기는 어렵다. 오히려 작은 프로젝트가 수백 개 모였을 때 더 효과가 크다. 대지면적이 일정 규모 이상이면 반드시 조경 공간을 만들도록 의무화하는 것도 이러한 이유에서다. 공공을 위해서는 꼭 필요한 제도라고 생각한다.

감: 최근 조경 기준은 어떻게 변화하고 있나?

-

박: 더 엄격해지는 추세이다. 심지어는 자연지반의 비율까지 규정한다. 토양을 보전하고, 식물을 많이 심는 것이 수십 년 동안 방출된 이산화탄소를 흡수하는 유일한 방법이기 때문이다. 개인적으로는 의무적으로 옥상의 일정 비율을 녹지로 피복하도록 규정하는 제도가 생기면 좋겠다. 식물이 자랄 수 있는 땅에 건물을 지었으니 그 면적의 일부는 다시 환원하자는 것이다. 위성사진만 봐도 비어있는 옥상이 어마어마한데, 이들이 녹화되면 도심의 환경이 더 나아질 것이다.

박승진(디자인스튜디오 로사이 Design Studio Loci **대표)**
조경 건축가이다. 서울대학교 환경계획연구소를 거쳐 우리나라 1세대 조경설계 회사인 서안에서 실무를 했다. 2007년에 디자인스튜디오 로사이를 개소했고, 한국예술종합학교의 겸임 교수로 우리가 사는 곳곳, 평범한 일상을 살아가는 사람들에 관심을 가지며 작업을 이어오고 있다.
designloci.com

Landscape
in City

모두를 위한 조경

누군가는 조경을 특정 집단만을 위한 산업이라 말하지만 조금만 둘러보면 그리
멀지 않은 곳에서 모두를 위해 쓰이는 모습을 확인할 수 있다. 어떠한 조건 없이
누구나 만끽할 수 있도록 설계된 조경 공간은 모두의 삶의 질을 높이고 나아가
도시의 모습까지 바꾼다.

글 박우진

누구에게나
열린 공간

공원으로 향하는 발걸음에는 대단한 계획이 없다.
그저 산책하거나 가벼운 대화를 나누는 정도지만
제약없이 언제든 갈 수 있다는 사실만으로 마음에
위안을 얻는다. 차별 없이 환경과 인간 모두를 위한
공간이기에 가능한 일이다. 누구에게나 열려있는
공원이 지금의 모습을 갖추게 되기까지의 발자취를
밟아본다.

공원의 태동

공원에서 벌어지는 일은 또 하나의 풍경이 된다. 자연경관을
바라보며 휴식을 취하고, 오락 행위를 즐기기도 하며
생태계를 학습하는 등 모두가 평등하게 여러 여가 생활을
즐긴다. 디자인스튜디오 로사이의 박승진 대표는 공원을
근대의 발명품이라 말한다.

최초의 공원은 영국의 디어 파크Deer Park다. 디어
파크는 공공의 여가를 위해 조성한 현대의 공원과 달리
귀족이 사슴을 사냥하기 위해 자연을 울타리로 가둬둔
형태였다. 당시는 건축물이 빽빽이 들어선 도시의 모습이
아니었기에 주변을 벽이나 울타리로 둘러 동물과 자연
풍광을 가두는 정도로 공원과 숲을 구분했다. 굳이 조성하지
않아도 쉽게 찾아볼 수 있었던 자연은 산업혁명을 기점으로
시민 곁에서 서서히 사라졌다. 빌딩으로 가득 찬 도시가
등장함에 따라 공원의 사용 목적과 이용객의 범위도
변화했다. 시민의 요구에 의해 모두에게 개방되었으며 국가
차원에서 관리하기 위해 종류도 세분되었다. 우리나라는
1961년「도시계획법」에서 처음으로 공원을 도시의
기반 시설로 규정하며 제도화했다. 1967년에는 최초로
공원에 관한 규정을 명시한 법률인「공원법」을 공포한다.
자연환경을 없애고 인공물을 세워 고도의 발전을 이룩하기
바빴던 정부가 공식적으로 생태계 보호와 공공의 생활
향상에 힘쓰기 시작한 것이다. 당시 이러한 움직임은
공공의 편의를 위해 자연 공간을 누구나 차별 없이
이용할 수 있도록 법으로 규정한다는 점에서 민주주의를
상징하기도 했다.「공원법」이 공공을 위한 자연을 지켜낼
수 있을 것이라 기대했지만, 실상은 달랐다. 공권력 범위의
설정이 불명확하고 도시공원을 폐지할 수 있는 경우를
광범위하게 설정한 탓에 오히려 환경을 침해했다. 결국
1980년「공원법」은 폐지되지만, 우리나라 공원을 규정한
최초의 법률이라는 점에서 의미가 크다. 현재는 공원을
「도시공원법」과「자연공원법」에 따라 두 가지 유형으로
분류하여 관리하고 있다.

시민을 위한 복지 시설로 태동한 공원이 이제는 녹색
인프라의 핵심이 되어 도시의 환경을 변화시킨다. 삶의
양식이 변화하고 자연이 필요해진 만큼 공원의 존재 여부가
생활의 질을 좌우한다. 더 나은 삶을 위한다면 이제는
도심보다 공원에서 어떤 일이 벌어지는지 유심히 지켜봐야
할 때다.

-
글 박우진

자연공원

경관을 보존할 가치가 있는 특정한 생태
지역을 지속해서 이용할 수 있도록 국가나
지방자치단체에서 지정하여 보호하는 공원이다.
멸종위기에 처한 야생 동식물이나 천연기념물,
생물다양성을 높이기 위해 보호하는
야생 동식물의 서식지, 또는 자연의 훼손이
적거나 보존해야 하는 문화재나 역사적 유물이
있는 곳을 지정한다. 자연공원으로 지정된 곳은
「자연공원법」에 따라 개발을 추진하지 못하고
생태계를 온전하게 보전하는 데에 집중한다. 종류는
환경부 장관이 지정하는 국립공원과 지질공원,
도지사나 특별자치도지사가 지정하는 도립공원,
시장 또는 군수나 자치구의 구청장이 지정하는
군립공원이 있다. 2022년 2월을 기준으로
우리나라에는 국립공원 22개소, 도립공원
30개소, 그리고 군립공원 27개소로 총 79개소의
자연공원이 관리되고 있다.

도시공원

도시 내에 자리한 공원으로 자연경관을 보호함과
동시에 시민의 건강과 정서 생활을 향상하기 위해
도시계획 차원에서 지정한 곳이다. 도시공원은 크게
생활권공원과 주제공원으로 나뉜다. 생활권공원은
도시 생활의 기반이 되는 공원으로 주변 예비
이용객의 특성을 파악하여 성격을 설정한다.
대부분 시민의 생활 향상을 위해 설치되며 소규모
토지를 이용한 소공원과 어린이를 위한 어린이
공원, 근린 생활권 거주자를 위한 근린공원이 있다.
주제공원은 특정한 목적을 가지고 설치된 곳이다.
교육을 목적으로 역사적 장소를 공원화한 역사공원,
묘지 이용자를 위한 묘지공원, 학습이나 체험을
위해 도시농업 시설을 설치하는 도시농업공원
등이 여기에 해당한다. 이외에도 도시 내에는
식생이 양호하여 개발을 제한하고자 시에서 지정한
도시자연공원구역이 있다. 이곳에서는 건축이나
용도 변경 등의 도시계획사업을 시행할 수 없고 일부
지정된 행위만 허가 하에 가능하다.

1
자이언 국립공원 Zion National Park
미국 유타주에 있는 국립공원으로 1919년 수백 년
침식된 기암과 수많은 협곡, 문화 유적지를 보호하기
위해 국립공원으로 지정하였다.

2
브라이스 캐니언 국립공원 Bryce Canyon National Park
미국에 위치한 국립공원이다. 토사가 쌓여 형성된
수만개의 암석이 보여주는 아름다운 자연을
보호하기 위해 1928년 국립공원으로 지정하였다.

3
개스 워크 공원 Gas Works Park
과거 석탄을 이용해 가스를 만들던 열 병합 발전소를
1975년, 도시민을 위한 공원으로 탈바꿈해
개장했다.

현대 공원의 한계

공원은 공간적으로는 모두를 위해 열린 개방성Openness을, 환경적으로는 생태계를 보전하는 자연성Naturalness을 가진다. 우리나라는 이 두 가지 특성에 집중하며 제도를 거듭 수정해 공원의 단점을 보완해 나가고 있다. 꽤 긴 시간 노력해왔지만, 여전히 양적으로나 질적으로나 부족한 것이 현실이다. 2020년 기준 국내에 조성된 도시공원의 면적은 525km²이고, 1인당 11m²가 할당된다. 2010년 기준으로 1인당 도시공원 조성면적이 27.9m²나 되는 베를린과 18.6m²인 뉴욕에 비해 현저하게 낮다. 공원을 조성하기 위한 부지가 모자란 것은 아니다. 정부에서 도시공원을 지정하더라도 잘 구현하지 않는다. 일례로 2019년 우리나라에서 공원으로 계획한 토지 면적은 904km²이지만 실제 조성된 것은 525km²뿐이다.

　이제는 공원의 면적을 넓히는 것을 넘어 질적으로도 나아져야 한다. 이를 위해서는 주변 환경을 면밀히 살피고 예상 방문객의 수요에 대응해야 한다. 일률적인 형태로 조성하지 않고 각 지역이나 주변 시설과 자연환경의 특성을 반영한다면 공간·환경적으로 수준 높은 공원을 조성할 수 있다. 그 중심에 있는 조경계는 제도의 허실과 공원의 순기능에 대해 꾸준히 고민한다. 특히 자연의 순수한 모습과 시민의 편익이라는 두 상충 요소를 어떻게 연계할 것인가는 끊임없이 고민해야 할 숙제이다.

3

도시의 풍경을 바꾼 공원

센트럴 파크

센트럴 파크가 등장하기 전, 공원은 넓은 정원에 지나지 않았다. 공공보다는 특정 계층만을 위했고 즐길 수 있는 여가는 산책과 소풍 정도가 전부였다. 1873년 모두에게 열린 녹지를 요구하는 목소리에 뉴욕시는 약 340만m²에 달하는 거대한 공원, 센트럴 파크를 개장하며 대중에게 응답했다. 센트럴 파크는 영국식 정원의 목가적 풍경에서 더 나아가 산책로나 도로와 같은 도시의 내외부 공간을 조정하고 스포츠 활동을 위한 운동장, 교육을 위한 수목원 등의 여가 시설을 더했다. 자연을 모사하는 것을 넘어 공공을 위한 도시 기반 시설로 조성한 것이다. 경제적 가치보다 시민의 정서를 앞세우며 도시의 중심부에 마련한 이 거대한 공원은 도시민이 정신적 안식을 누릴 수 있는 피난처가 되어 준다. 설계를 맡은 조경가 프레드릭 로 옴스테드는 조경이 사회에 필요한 서비스를 제공할 수 있어야 한다고 말하며 센트럴 파크를 통해 조경과 공원의 개념을 구축했다. 도심에서 일하던 시민이 단시간에 자연으로 탈출해 휴식하는 행동이 뉴욕의 풍경을 변화시켰다.

프리웨이 파크 Freeway Park, 1976

20세기 도심에는 콘크리트, 유리와 같은 산업 재료로 이루어진 건축물, 시설물이 대거 등장하면서 자연 재료로 조성된 공원이 도시와 극명한 대비를 이룬다. 한층 더 조화로운 경관을 원하는 시민은 도시에 자연스럽게 녹아든 공원을 필요로 한다. 이에 조경계에서는 20세기에 어울리는 새로운 공원을 제안한다. 그 대표적인 예가 1976년 조성된 시애틀의 프리웨이 파크다. 이곳에서는 콘크리트로 이루어진 고속도로의 상부에 울창한 숲이 덮이면서 자연과 인공 시설물의 공존을 이뤄낸다. 이질적인 두 요소를 통합해 하나의 인공 지반 공원으로 만들어 낸 조경가는 로렌스 핼프린 Lawrence Halprin이다. 애당초 도시의 모습을 인간이 만들어 낸 새로운 경관 중 하나로 인식했던 그는 1956년부터 미국 전역을 뒤덮은 고속도로 또한 경관의 일부로 받아들여 공원의 뼈대로 활용했다. 오늘날에도 프리웨이 파크는 도시와 자연 그리고 인간의 단절 문제를 해소한 공원으로 평가받고 있다.

©seattle.gov

공원의 모습은 시대의 요구를 대변한다. 지금까지 공원의 변화가 도시에 어떤 영향을 미쳐왔는지, 그 양상을 시민의 요구를 중심으로 살펴본다.

하이라인

또 한 번 도시의 경제구조가 변화했다. 활발하게 가동되던 공장은 수요 하락으로 폐쇄되고 화물 운반의 중심이었던 철로는 촘촘하게 건설된 고속도로에 밀려났다. 시대의 변화가 없어지도, 사용하지도 못하는 거대한 공간을 남겼다. 맨해튼을 가로지르는 철로는 1980년부터 20년이 넘게 방치된 뉴욕시의 대표적인 애물단지다. 이곳은 한때 개발을 위한 존폐의 갈림길에 섰지만, 1999년 지역 주민 모임에서 결성된 민간단체 하이라인 친구들FHL, Friends of Highline의 노력으로 2009년, 빌딩 숲 사이를 거니는 9m 높이의 산책로 공원, 하이라인으로 재탄생했다. 기본 구조물의 설계를 맡은 조경가 제임스 코너는 고가도로라는 특징을 살려 뉴욕의 거리를 관망할 수 있도록 연출하고 주변 빌딩들과 조화롭게 어울리도록 동선을 계획했다. 모든 걸 없애고 또 다른 발전을 이룩하려는 타성에서 벗어나 지역이 간직하고 있는 지난 시간을 도시의 고유한 매력으로 반전시킨 것이다. 그 결과 특별한 프로그램이나 시선을 압도하는 자연경관이 없음에도 매년 800만 명의 사람들이 모여든다. 공원이 시대의 변화에 잔류한 문제를 다뤄 도시의 성격을 바꾸는 데 성공한 것이다. 하이라인은 도심 속 공원의 역할을 넘어 성공적인 도시재생 사례로 평가받는다.

페일리 파크Paley Park, 1967

오늘날 도시가 직면한 가장 큰 문제는 단연 기후 위기다. 세계 인구의 약 50%가 도시에 살고 있으며 이들이 배출하는 온실가스의 양은 전체의 75%에 달한다. 더불어 도시를 감싸고 있는 아스팔트는 반사도가 낮아 지반을 숨쉬게 하는 녹지의 역할을 이행하지 못해 열섬 현상을 초래한다. 기후 위기로 인해 시민의 일상이 위협받고 있다. 도시는 이제 변명의 여지 없이 하루빨리 자연과 함께 살아가는 모습을 만들어야 한다. 최근 밀집된 빌딩 사이 자투리 공간에 마련되는 포켓 공원은 도시 녹화의 좋은 방안으로 떠오른다. 1967년 조경가 로버트 자이언Robert Zion이 미국 맨해튼에 조성한 페일리 파크Paley Park는 이러한 형태의 시초다. 120평이 채 안 되는 공간에 6m 높이의 폭포와 17그루의 나무, 그리고 의자와 같은 시설물로 조성한 작은 공원은 넓은 범위의 녹지를 조성하기에 부담이 큰 도시에 적합한 형태였다. 페일리 파크와 같은 포켓 공원은 앞으로 도시에서 녹지에 대한 갈증을 해결할 수 있는 주요한 열쇠가 될 것이다.

도심 속 생명의 안식처, 공원

씨토포스 최신현 대표

길게 뻗어 있는 길을 걷다 다리가 아파질 때쯤이면 벤치가 보이고 구역을 가르는 도로
앞에서 주위를 둘러보면 신호등이 있다. 이렇듯 도시는 철저히 인간을 위해 계획되었다.
그 안에서 공원은 우직하게 식물을 포함한 모든 살아있는 생물을 위하며 인간에게
편향된 도시의 균형을 바로잡는다. 모든 생물에게 꼭 필요한 공원이 도시와 어떻게
매듭지어지는지 씨토포스 최신현 대표에게 물었다.

인터뷰 **박우진**
사진 jongohk

감씨(감): 도시는 여러 전문가의 손길을 거쳐
완성된다. 그중 조경가는 어떤 역할을 하는지
궁금하다.

최신현(최): 도시계획가는 거시적인 관점에서
인간의 행태를 고려해 도시를 조성하고 건축가는
한층 더 섬세하게 사람을 위한 공간을 고민한다.
조경가는 이 둘의 역할을 모두 이행한다. 다만 모든
생물을 대상으로 하고, 살아있는 재료를 다룬다는
점에서 차이가 있다. 관점과 재료가 다르다 보니
땅을 바라보는 태도도 다르다. 조경가는 인간의
편의는 물론 식물의 생육과 번식을 고민하는 동시에
도시의 질서를 유지하고 회복하는 데 힘쓴다. 이러한
가치관이 여실히 드러나는 공간이 공원이다.

감: 모두를 위한 공간으로서 공원이 가져야 할
필수적인 역할은 무엇인가?

최: 도시에서 만날 수 있는 대규모 녹지는 공원이
유일하기에 더더욱 그 질을 높여 주어야 한다.
과거에는 나무를 많이 심어서 녹지량을 늘리는 데에
집중했다면 이제는 다층 구조 식재[1]를 적용하거나
종 다양성[2]을 갖추는 등의 노력으로 생태계가
균형을 맞추는 데에 일조해야 한다. 다양한 생물이
유입되어 안정된 생태계는 토양과 물, 공기를
정화하며 기후를 조절하는 일련의 과정을 스스로
반복한다.

　　그다음은 이용자를 위한 편의와 문화 공간을
조성하는 것이다. 공원은 다양한 계층이 이용하는
만큼 누가 어떤 방식으로 공간을 즐기게 될지를
고려해서 설계한다. 이때 가장 중요한 조건이
공원의 위치와 규모다. 도시는 지역마다 다른
구조와 정체성을 지니기 때문에 그 맥락을 충분히
파악해야 한다. 같은 공원이지만 미국의 센트럴
파크와 서울의 북서울 꿈의 숲이 서로 다른 것도
이 때문이다. 도시와 공원을 어떤 맥락으로
매듭지을지가 굉장히 중요하다.

(위쪽부터)
몬드리안 정원, 재생 정원, 소음 분수.

감: 씨토포스는 공원을 조성할 때 무엇을 중요시 하는가?

최: 10년, 20년이 지나도 사라지지 않고 오히려 가치가 증대되는 공간을 만들려 한다. 오래도록 유지되는 것이 중요하다 보니 디테일에 신경 쓴다. 포장이나 구조를 위한 재료를 선택할 때도 가공된 것보다는 자연이 가진 물성이 남아 있어 오래 사용할 수 있는 것을 쓴다. 사계절이 뚜렷한 우리나라에서는 재료가 변화하는 환경을 버텨낼 수 있는지도 충분히 고민해야 한다. 벤치나 시설물은 되도록 기성품을 사용하지 않고 지역에 적합한 형태로 새롭게 디자인해서 만든다. 그렇게 해야만 어디에도 없으면서 사람들이 멀리서도 찾아오는 공원이 될 수 있다.

감: 서서울 호수공원은 옛 신월정수장을 공원으로 재탄생시킨 프로젝트다. 설계하며 주요하게 고려했던 점은 무엇인가?

최: 공간이 간직한 역사를 공원에 담기 위해 무엇을 빼고 남길지 고민했다. 주요 시설이었던 파이프와 수도관은 재생 정원의 시설물로 사용하고 침전조의 콘크리트 구조는 부분적으로 존치하여 몬드리안 정원에 활용했다. 공원 바닥의 포장재도 정수장의 재료와 결을 맞추기 위해 대부분 콘크리트를 적용했다. 이 밖에도 곳곳에서 정수장이 남긴 흔적을 발견할 수 있다. 주변 환경과 장소가 가진 특성을 고려한 덕분에 이곳에서만 만날 수 있는 공원을 만들 수 있었다.

감: 공원은 그 자체의 완성도도 중요하지만, 도시의 기반 시설로서 주변 시설과 올바르게 관계를 맺는 것도 필요하다. 주변과 조화를 이루기 위해 서서울 호수공원에 더해진 것이 궁금하다.

최: 서서울 호수공원이 자리한 신월동은 김포공항과 인접해 있어서 비행기가 뜨고 내리는 소음이 심하다. 오랫동안 이곳에서 살아온 주민들은 소음으로 인한 스트레스가 심했다. 누군가가 의도적으로 일으킨 문제가 아닌 주변 환경에서 비롯된 어려움을 풀어주고 싶었다. 물리적으로 소음을 없앨 수는 없으니 오히려 활용하는 방법을 고민했고 소리에 반응하는 분수를 만들었다. 약 80db 정도 되는 비행기 소음이 들려오면 센서가 이를 감지하여 더 큰 물줄기를 만들어낸다. 덕분에 한때는 기피하던 소음이 이제는 사람들을 기다리게 하는 소리가 되었다.

감: 북서울 꿈의 숲은 '개방'을 주제로 한다. 그 이유가 무엇인가?

최: 땅이 가진 역사를 존중하는 마음으로 본래의 지형을 회복하여 산과 물이 어우러지는 전통적인 경관을 보여주고자 했다. 벽오산과 오패산이 돋보이는 경관은 오로지 그곳에서만 볼 수 있기 때문에 공원의 매력을 배가시킨다. 개방을 주제로 원래의 지형을 복구한 덕에 건강한 땅과 아름다운 경관을 동시에 구현할 수 있었다. 또한 열린 공간은 시민의 요구에 따라 언제든 새로운 이벤트로 채워질 수 있음을 암시하기도 한다.

감: 면적이 넓어서 공간을 구분하고, 동선을 관리하는 데 어려움이 있었을 것 같다.

최: 공원이 도시를 연결하는 커뮤니티 공간이 되려면 동선이 굉장히 중요하다. 자칫 잘못하면 도로를 가로막는 거대한 녹지 섬으로 남게 될 수도 있다. 북서울 꿈의 숲은 이러한 동선 설계에 특히나 공을 들였다. 우선 규모가 큰 만큼 입장객이 공원의

중심까지 들어가지 않고도 다양한 경관을 즐기고 자유롭게 소통할 수 있어야 했다. 그 방법으로 공원의 중심을 길로 설정했다. 골목길에서도 쉽게 진입할 수 있도록 17개의 출입구를 만들었고, 곳곳에 작은 광장을 만들어 길에 따라 보이는 경관과 프로그램을 달리했다. 다양한 관점으로 녹지를 바라볼 수 있는 동선이 마련되니 시민들이 주체적으로 공원을 사용하기 시작했다. 단순히 녹지가 많다고 해서 좋은 공원이 되는 것은 아니다. 동선을 세심하게 계획하고, 이를 바탕으로 이용객이 다양한 경험을 할 때 공원은 비로소 그 가치가 드러난다.

북서울 꿈의 숲 전경.

동탄2신도시 워터프론트 전경.

동탄2신도시 워터프론트는
산척 저수지와 송방천을
중심으로 조성된 56만m²
규모의 수변공원이다.

감: 동탄2신도시 워터프론트는 자연 지형의 활용이 돋보인다. 자연과 도시의 조화를 위해 어떤 것을 고민하였나?

최: 동탄은 능선과 계곡이 발달하여 산과 물이 돋보이는 전통적인 한국의 경관을 가지고 있다. 특히 워터프론트 부지에는 계류의 물을 받으며 오랫동안 물탱크 기능을 해온 산척 저수지가 경이로운 자연 풍경을 보여준다. 이러한 생태 환경을 그대로 유지하면서 도시와 조화를 이루는 모습을 만들고자 했다. 가장 중요하게 고려한 것은 환경을 유지하는 방법이다. 도시가 들어서면 어쩔 수 없이 기존의 자연환경은 변화한다. 저수지에 유입되는 맑은 물도 도시의 도로와 하수관을 통해 배수되면 그 양이 점점 줄어들고 오염된다. 고민 끝에 저수지가 가진 계류를 그대로 유지하고 땅 전체가 물을 머금는 공원으로 계획했다. 기존에 있던 논이나 습지를 그대로 남겨 물을 저장할 수 있게 하고 보행로나 다리를 설치해야 하는 경우에는 그 위에 조심스럽게 얹었다. 디자인도 마찬가지다. 본래의 아름다운 경관에 힘을 실어주기 위해 디자인 요소를 줄여 기후에 따라 변화하는 경관이 돋보일 수 있도록 했다.

아쉬운 점은 워터프론트는 현장 감리를 하지 못해 초기 의도와 달라진 부분이 많다. 조경에는 법적 감리가 없어서 이런 일이 자주 발생한다. 자연 재료를 이용하다 보니 설계를 아무리 열심히 해도 계획했던 것과 다른 모양·크기의 재료가 들어오는데 이에 따라 공간의 완성도가 크게 바뀌고는 한다. 현장에서 확인하지 않으면 수정할 수가 없다. 그 간극을 줄이고자 몇 년째 무료로 현장 감리를 시행하고 있는데, 워터프론트는 그마저도 어려웠다. 민간 공간과 달리 공공 공간은 더 나은 모습으로 만들고자 하는 경우가 잘 없기 때문에 감리 시스템이 더욱 필요하다.

감: 국가에서는 「공원녹지법」을 제정해 쾌적한 도시환경에 이바지하고자 한다. 도시와 공원이 적절하게 관계를 맺기 위해서는 제도에 있어 어떤 점을 보완하고 강화해야 하나?

최: 「공원녹지법」은 굉장히 오래전에 마련된 법이다. 이것을 현재 시점에 맞게 수정해야 한다. 예를 들어 '공원 녹지율'이라고 해서 공원의 종류별로 녹지 면적을 얼마나 확보해야 하는지 수치를 정한 기준이 있는데 이 내용은 오늘날 공원을 조성하는 데 장애물이 된다. 「건축법」에서도 반드시 조성해야 하는 조경 면적과 심어야 하는 교목, 상목, 관목의 숫자를 명시해놨다. 하지만 그 내용을 그대로 따르면 단순히 나무를 가져다 꽂아 놓는 형태가 된다. 조경은 숫자를 맞추기에 급급한 형태가 되어서는 안 된다. 법이 시대와 주변 환경을 고려한 내용으로 변경되기를 바란다.

법 이전에 국가적 차원에서 시민의 인식을 바꾸려는 시도도 필요하다. 꽃을 주면 버리는 사람이 있고 다시 심는 사람이 있듯이 마음이 맞아야만 지속해서 좋은 도시를 만들어 나갈 수 있다. 자연 생물을 존중하고, 생태 환경을 가치 있게 바라보는 마음이 생기면 도시는 자연스럽게 변화할 것이다.

1) 다층 구조 식재: 높낮이가 다른 교목층, 아교목층, 관목층, 지피층을 혼합하거나 키가 다른 초본식물을 상층, 중층, 하층으로 다양하게 구성하여 심는 방법이다.
2) 종 다양성: 사람, 동물, 식물 등 서로 다른 생물종의 다양성을 의미한다.

최신현(씨토포스ᶜᵀᴼᴾᴼˢ 대표)
여러 조경 관련 회사에서 실무를 익히고, 2002년 씨토포스를 개소하여 조경과 건축의 경계를 허물고 두 분야를 통해 땅의 가치를 높이는 데 힘쓰고 있다. 북서울 꿈의 숲, 서서울 호수공원, 동탄 워터프론트, 국회대로 상부녹지화공원 등 다수의 국제공모에 당선되어 다양한 공원을 설계하였다.

자연에 대한
이해에서 출발하다

주식회사 더가든 김봉찬 대표

빽빽한 빌딩 사이에서 숨구멍을 찾는 우리에게는 자연이 필요하다. '자연을 훼손한 결과는 결국 인간에게 돌아온다'는 교과서 같은 가르침이 틀리지 않았다. 늦게나마 공원을 통해 녹지 면적을 넓히고 있지만, 세월이 축적된 자연의 숲을 단기간에 묘사하는 것이 쉬운 일은 아니다. 다시 차근히 자연에 대한 이해에서부터 출발하고자 자연의 순리를 지키며 정원을 조성하는 김봉찬 정원가를 만났다.

감씨(감): 건축물과 도로, 사람 등 도시를 구성하는 모두가 각자의 역할을 가지고 있다. 공원과 정원은 도시에서 어떤 역할을 하는가?

김봉찬(김): 일반적으로는 도시의 환경을 개선하거나 여가 공간을 제공하는 등 사람을 위한 사회적 역할을 먼저 내세운다. 물론 이러한 것도 중요하지만, 그보다 앞서 생태계를 안정시키는 일을 한다. 생물의 서식처가 되어주고 증산작용을 통해 오염물질을 정화하는 등 본래 자연이 하던 일을 대신 이행하는 것이다.

인간을 포함한 모든 자연 생물은 안정된 지구를 만들기 위해 맡은 바가 분명히 있다. 생태계의 순리를 잊은 채 사람의 편리를 위한 시설로만 공간을 채운다면 모든 역할을 오롯이 사람이 감내해야 한다. 그것이 가능할지는 의문이고 또 걱정이다. 자연과 도시가 적절한 균형을 이뤄야만 콘크리트 덩어리 속에서도 행복하게 살 수 있다. 지금까지 도시화를 통해 편안한 삶을 추구했다면, 이제는 자연과 함께 안정되게 사는 법을 고민해야 한다. 그 핵심 열쇠가 공원이나 정원과 같은 녹지이다.

감: 앞으로 우리에게는 자연이 꼭 필요하겠다. 잠깐의 연출이 아닌 지속가능한 정원을 조성하기 위해 가장 필요한 것은 무엇인가?

김: 자연과 최대한 비슷한 모습을 구현해야 한다. 사람도 여럿이 모여 살아야 성장하듯이 식물도 마찬가지다. 장미 정원처럼 한 종류의 수목만으로는 생태적 균형을 맞출 수가 없다. 이끼, 초화류, 나무 등 다양한 수종으로 하나의 식물 사회를 형성해야 서로의 생장에 도움을 주고 동물이나 곤충도 자연스럽게 불러 모아 안정적인 정원을 이룬다. 생태적 안정을 갖췄을 때 비로소 아름다움을 창출할 수 있다.

인터뷰 **박우진**

베케정원
2018년에 조성된 약 3,500m²
규모의 정원이다. 베케는 밭을
일구다 나온 돌을 아무렇게나
쌓아놓은 돌무더기를 뜻하는
제주말이다.

감: 제주도의 비오토피아에 조성한 생태공원은 구역마다 다양한 경관이 펼쳐진다. 어떤 의도로 설계했는지 궁금하다.

김: 비오토피아 생태공원은 생태적으로 안정된 구조를 확보하면서 인간과 자연이 공생하는 공간으로 만들려 했다. 마침 그 자리가 제주도 중산간의 초원지대였기에 본래 모습을 그대로 살리기만 하면 안정된 생태 환경과 제주도의 풍경을 동시에 갖출 수 있었다. 다만, 큰 부지를 모두 초원으로 구성하면 단조로울 수 있어 구역을 나눠 생태 연못이나 바람에 일렁이는 띠 군락1) 그리고 계곡과 같은 풍경을 더했다. 공원은 자연을 위해 조성돼야 하지만, 이용하는 사람을 고려하지 않고서는 그 가치가 유지되기 어렵기 때문에 다양한 경험을 제공하는 데도 신경 쓰는 편이다.

감: 그중 물 박물관과 생태 연못에는 어떤 의도가 담겼나?

김: 물 박물관은 제주 중산간 초지대2)의 경관에서 영감을 받아 대규모의 억새 띠 군락으로 지면을 덮었다. 드나드는 바람에 맞춰 잎이 부드럽게 일렁이는 모습은 단단하고 거친 노출콘크리트 건축물과 대비를 이뤄 자연의 생동감을 한층 돋보이게 한다.

생태 연못은 안정된 생태 환경을 목표로 하는 비오토피아 생태공원의 상징적인 공간이다. 우리나라에서는 연못을 만들 때 주변 흙으로 물이 스며들어 가지 못하도록 못 안에 돌을 둥글게 둘러 둑을 만든다. 이렇게 하면 못 주변의 땅이 건조해져서 깔끔해 보이지만, 호습성 식물이 살아 갈 수 없게 된다. 숨을 쉬면서 물을 정화하는 식물이 살지 못하니 연못은 고인 채로 썩어버린다. 연못의 역할은 땅을 적셔서 다양한 생물에게 삶의 터전을 제공하는 것인데 그 기능을 상실하는 셈이다. 비오토피아의 생태 연못은 완만한 경사로 웅덩이를 파 그 안에 물을 채우는 방법을 적용했다. 이렇게 하면 경사면을 따라 땅이 물에 젖으면서 자연스럽게 축축한 습지를 형성해 생태적 다양성을 유지한다. 심지어 안정된 환경 속에서 모든 생물이 올바르게 관계해 물이 고여 있음에도 썩지 않고 365일 깨끗하다.

감: 직접 관리하는 베케 정원은 생태주의 정원의 면모가 여실히 드러난다.

김: 베케는 꾸준한 관리를 통해 시간이 갈수록 더 좋은 상태를 유지하는 정원을 보여주고 싶어서 조성했다. 매번 남의 정원을 만들다가 처음으로 갖게 된 나의 정원이라 더욱 의미가 크다.

감: 디자인 과정에 대해 더 자세히 설명해 달라.

김: 어둠과 점·선·면의 조화에 집중해 조형미와 깊이감을 더하려 했다. 풀이 중첩되면서 생긴 그림자는 면으로서 땅을 뒤덮어 그 깊이를 가늠할 수 없게 하고, 각기 다른 크기의 가지와 잎은 점과 선을 형성하며 정원에 리듬감을 더한다. 얇은 나무는 나뭇가지 사이의 여백을 통해 정원의 전망을 만들고 굵은 선의 나무는 사람이 시선을 안정적으로 둘 수 있는 악센트로 역할 한다. 강하고 정돈된 것만 모조리 가져다 놓으면 오히려 조화가 깨져 아름답지 않다. 허름한 것과 이상한 것 그리고 아름다운 것이 모두 함께해야 한다. 모든 요소가 조화롭게 어우러지면 꽃이 없어도 아름답다.

감: 2018년에 조성했음에도 여전히 많은 어린 식물이 자라나고 있다. 정원의 생물이 성장하면서 만들게 될 풍경도 미리 염두에 두고 계획하는가?

김: 사실 정원에서 사람이 관여할 수 있는 일은 많지 않다. 생활할 수 있는 기반을 만들어 주고 조화롭게 배치해서 심는 것이 전부다. 그러고 나면 식물이 주어진 환경에 맞게 성장하면서 더 좋은 공간을 만든다. 나무가 그늘 쪽으로는 자라지 않고 빛을 쫓아 휘어지듯이 생물은 환경에 따라 수형을 바꿔가면서 스스로 작품이 된다. 오히려 이미 성장을 마친 식물이나 수목은 습관이 남아있고 몸이 굳어서 더 이상 변하지 않기에 공간이 좋아지기 어렵다.

감: 자연을 배경으로 하는 비오토피아나 베케와 달리 아모레성수 정원은 건물 사이에서 유독 더 신비로운 숲의 모습을 자아낸다.

김: 아모레성수 정원이 더욱 깊고 특별하게 느껴지는 이유는 도시와의 대비 덕분이다. 정원은 도시의 중심부로 갈수록 빛난다. 가장 어려운 일이 금강산 앞에서 정원을 만드는 것이다. (웃음)

감: 도심 속 생태 정원을 설계하는 데에 어려움은 없었나?

김: 식물의 바탕이 되는 지반이 문제였다. 공원을 조성할 때는 흙이 가장 중요하다. 흙이 집이고 삶의 기반이기 때문이다. 아모레 성수의 부지는 자동차 정비공장으로 사용했던 터라 토양이 심하게 오염되어 시공에 어려움이 있었다. 숲 정원으로 계획했기에 식물이 안정적으로 자라려면 기반의 흙과 표토를 모두 바꿔야 했다. 계획한 식물의 성장 조건에 맞추기 위해 땅을 약 1~1.5m가량 파내고 풀이나 나무가 썩어 만들어진 부엽토로 다시 채워 넣었다.

감: 성수동의 자연환경 때문에 원래 설계와 달라진 점이 있는가?

김: 의도치 않게 연못이 생겼다. (웃음) 성수동은 땅 자체가 물을 많이 머금은 진흙 토양이다. 흙을 갈기 위해 1.5m 정도를 파내고 나니 진흙에 함유된 수분이 흘러나오면서 웅덩이에 고여 자연스럽게 습지 연못을 형성했다. 물이 많고 진흙 토양이라는 것은 처음부터 알고 있었지만, 그 정도로 물이 많을 줄은 몰랐다.

감: 정원은 사람과 자연이 함께 만드는 공간 같다. 좋은 정원이란 무엇이라고 생각하나?

김: 하나의 생태계로 기능하는 곳이 가장 좋은 정원이다. 아침마다 이슬이 맺히고 식물이 자생할 수 있으면서 곤충과 동물이 자연스럽게 찾아오는 곳. 멋있는 나무와 꽃 그리고 시설물을 가져다 놓는 것은 그리 중요하지 않다. 공원이나 정원을 인간을 위한 도구로 이용하는 일이 없어야 한다.

감: 그러한 관점에서 최근 도심 속 조경 공간을 평가한다면?

김: 여전히 사람의 미감에만 집중한 조경 공간이 많다. 공간의 심미성을 위해 우람한 나무 한 그루나 한두 가지 식물로 정원을 조성하지 말고 다양한 종류의 식물을 활용해 그들을 위한 생태계를 만들어 줘야 한다. 시작은 항상 실수를 동반한다. 첫술에 배가 부를 수는 없으니 지금은 이런 작은 변화마저도 감사하게 보고 있지만, 이렇게 끝나서는 안 된다. 앞으로 자연과 오래도록 함께 사는 방법을 더 깊이 고민해야 한다.

1) 띠 군락: 볏과 식물이 형성한 띠가 떼를 지어 집단을 이룬 지역.
2) 초지대: 여름에 비가 적은 온대지방의 키가 작은 풀이 무성한 지대.

©주식회사 더가든

©주식회사 더가든

도심 한 가운데에 자리한
아모레성수 정원.

김봉찬(주식회사 더가든^{The Garden} 대표)
제주 여미지식물원 식물 과장을 거쳐 포천 평강식물원 연구소장으로 일했다. 생태학을
바탕으로 한 암석원, 고층습원 조성 분야에서 독보적인 기술력을 인정받고 있다. 최근에는
베케, 아모레성수 등을 선보였으며 자연의 원리인 서식처를 기반으로 한 자연주의 정원을
조성하는 데 앞장선다.

SUPPLEMENT

4

Supplement

푸르름을 만드는 조경 설계사무소 10

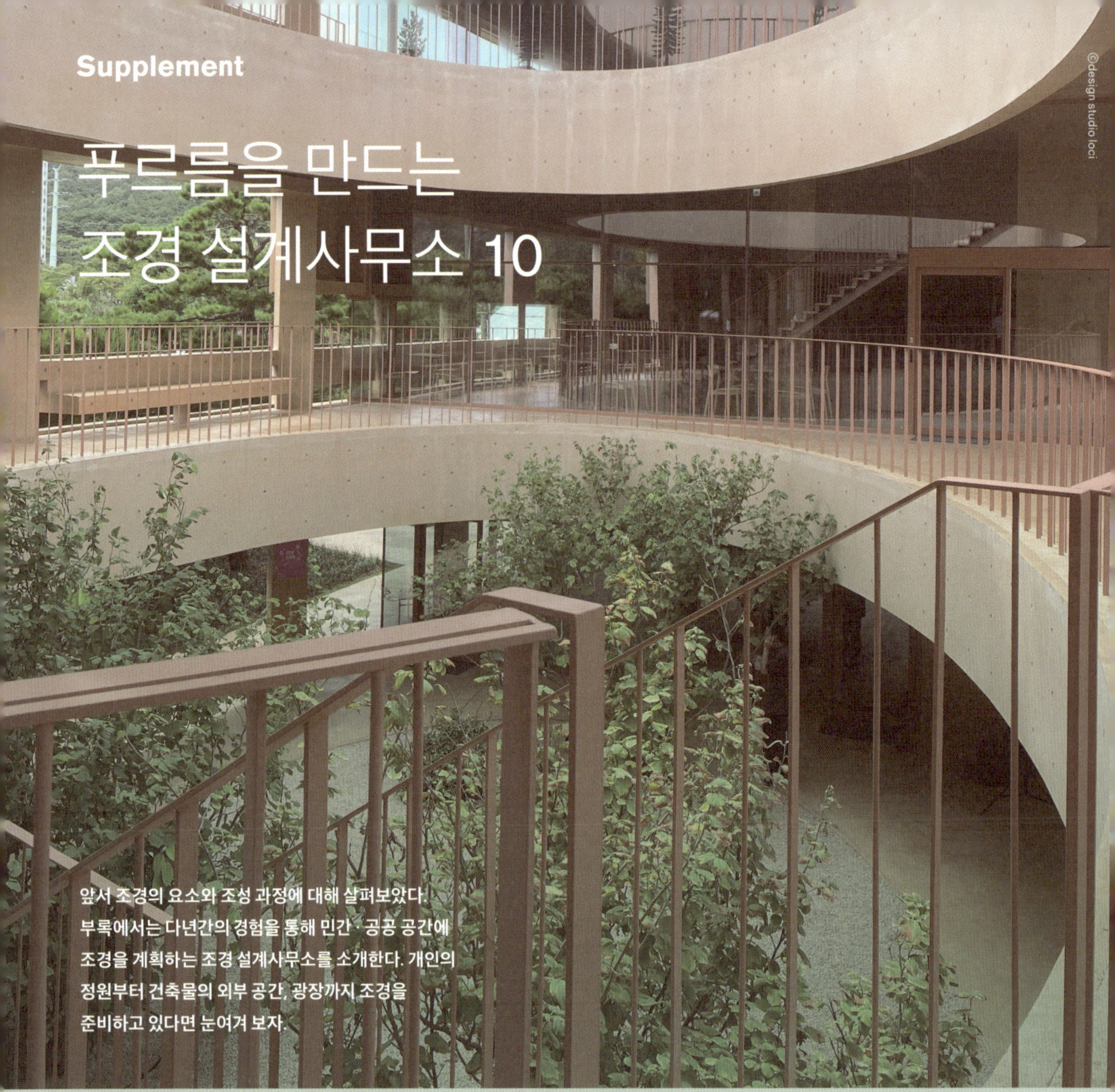

©design studio loci

앞서 조경의 요소와 조성 과정에 대해 살펴보았다. 부록에서는 다년간의 경험을 통해 민간 · 공공 공간에 조경을 계획하는 조경 설계사무소를 소개한다. 개인의 정원부터 건축물의 외부 공간, 광장까지 조경을 준비하고 있다면 눈여겨 보자.

©ANMADANG STUDIO

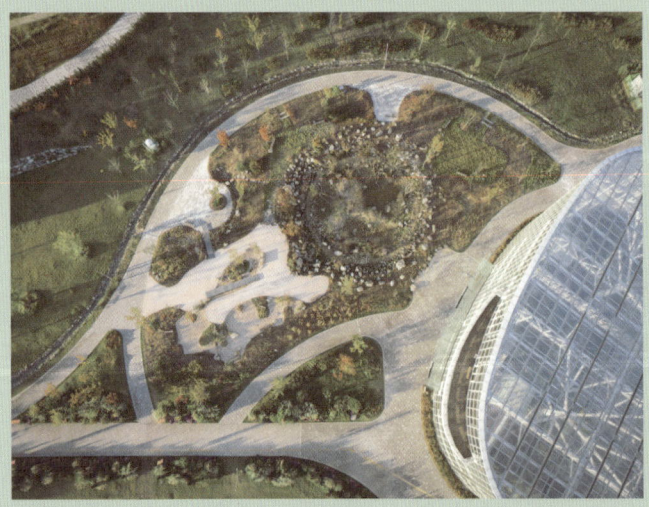

라이브스케이프 Livescape

사람과 공간과 자연을 통합하는 바이오필릭 디자인을 추구한다. 작은 실내정원에서부터 거대 마스터플랜에 이르기까지 다양한 스케일에서 환경과 예술이 결합하는 창의적인 지점을 탐색한다.

대표번호	02-579-4995
이메일	live@livescape.co.kr
홈페이지	www.livescape.co.kr
주요 업무	조경, 인테리어 디자인 및 시공
대표 프로젝트	잠실 주경기장 리노베이션, 포비 합정, 교실 숲 마음풀, IFLA 세계 조경가 대회 기념 정원

자료제공 KnL환경디자인스튜디오

KnL환경디자인스튜디오

2001년에 설립해 '설계에서 공사와 감리까지 모든 부지를 실제로 구현한다'는 원칙을 바탕으로 정원과 공원, 건축물의 외부 공간을 계획하고 시공·감리하는 디자인 스튜디오다. 보편적으로 공감할 수 있는 정원 디테일에 집중하면서 생태적이고 자연스러운 풍경을 조성한다. 이를 통해 거주민과 이용객이 편안하고 아름답게 즐기는 조경을 구현하고자 한다.

대표번호	031-8022-6407
이메일	studioknl@naver.com
홈페이지	www.studioknl.co.kr
주요 업무	컨설팅, 정원·조경·공원·광장 설계, 마스터플랜, 시공, 감리
대표 프로젝트	송은문화재단 신사옥 외부 정원, 청주 문의주택, 세종시 푸르지오 아쿠아가든

©안상수

랩디에이치 조경설계사무소 Lab D+H

2014년 로스앤젤레스에서 설립된 조경 중심의 디자인 그룹으로 현재는 서울, 상해까지 확장하여 활동하고 있다. 한국, 미국, 중국의 문화를 기반으로 정원부터 마스터플랜까지 다양한 성격, 규모의 프로젝트를 작업한다. 조경이 환경의 근간을 형성하고 도시를 작동시킨다는 믿음을 가지고 문제에 대한 해결책, 지속 가능성을 고려하며 공간을 조성한다.

대표번호	031-7099-7222
이메일	seoul@dhscape.com
홈페이지	www.dhscape.com Instagram.com/labdh_seoul
주요 업무	정원·조경 설계, 마스터플랜, 시설물 디자인
대표 프로젝트	석남이음숲 및 복합커뮤니티센터, 타임워크명동 공유정원, 포천 카페 포옥,

©design studio.loci

스튜디오 로사이

국내 대표 조경설계사무소 서안의 독립 스튜디오로 2007년부터 정원과 도시 공간, 국토 경관 등 다양한 용도와 규모의 작업을 이어오고 있다. 개인부터 기업, 기관까지 조경 건축의 중요성과 매력에 공감하는 클라이언트와 협업하며 다양한 공간에 디자인 컨설팅을 제공하고, 마스터플랜을 수립하는 등 조경 설계 전반을 진행한다. 이밖에 독립출판물을 기획하고 인문적 가치를 존중하는 아트 프로젝트에 참여하고 있다.

대표번호	02-515-3582
이메일	designloci1@gmail.com
홈페이지	www.designloci.com
주요 업무	컨설팅, 정원·조경 설계, 마스터플랜, 시공
대표 프로젝트	아모레퍼시픽 본사 사옥, 대구 mrnw. 통의동 브릭웰, 풀무원 물의정원

Supplement

스튜디오일공일엘앤씨(주)

'101'은 100 다음의 새롭게 시작하는 '1'을 의미하는 것으로, '기본에 충실한 것이 곧 새로움의 시작'이라는 디자인 철학을 담고 있다. 실험성, 심미성, 실현성을 바탕으로 정원과 업무 시설, 리조트, 테마파트, 공원 등 민간·공공 영역의 다양한 외부 공간 프로젝트를 수행한다.

대표번호	02-453-1101
이메일	101@studio101.co.kr
홈페이지	www.studio101.co.kr
주요 업무	조경·공원 설계, 시공, 감리
대표 프로젝트	대구 수창공원, 서울중앙우체국 도시숲기념정원 우정숲, 전주 야호 맘껏숲놀이터

스튜디오 테라

조경에 대한 가치와 생각을 공유하는 사람들의 네트워크로, 땅terra에 뿌리를 내리는 실천 집단STUDIOS을 지향한다. 나무의 학문적 표기법을 따서 STUDIOS terra 라고 쓴다. 조경을 통해 건강하고 아름다운 경관을 만들 수 있다는 믿음을 바탕으로 땅과 생태계에 귀 기울이며 사회와 자연의 건강한 관계에 대해 고민한다.

대표번호	070-8778-0228
이메일	studiosterra@naver.com
홈페이지	www.studiosterra.com
주요 업무	조경 설계
대표 프로젝트	서울어린이대공원 유니세프 아동친화공간 맘껏놀이터, 전주 야호 생태 맘껏숲&하우스, 제주 네오플 교육연구시설

씨토포스

씨토포스는 '창조적인Creative 크리스천Christian 최Choi가 만지는 땅Topos'을 의미한다. 자연과의 소통을 중요시하며 공간의 가치를 높이고 시간이 갈수록 좋아지는 공간을 고집한다. 자연을 가치롭게 여겨 대지가 가진 흙, 물, 빛, 바람을 토대로 땅을 이해하고 보존하며 자연이 원하는 디자인을 선보이고 있다.

대표번호	02-553-0808
이메일	ctopos@nate.com
홈페이지	www.ctopos.co.kr
주요 업무	조경·공원 설계, 시공
대표 프로젝트	동탄호수공원, 북서울꿈의숲, 서서울호수공원

안마당 더 랩

2016년도에 설립되어 상생의 가치 아래 다양한
디자인 철학을 담아 외부공간을 기획, 설
계, 시공하는 디자인 작업실이다. 좋은 공간이
우리의 삶을 개선시킨다는 믿음을 가지고
주택 정원이나 상업 공간 등 다양한 공간을
생각하고 그리고 만든다.

대표번호	02-6465-2907
이메일	info@anmadangthelab.com
홈페이지	www.anmadangthelab.com
주요 업무	정원·조경 설계, 시공, 유지관리
대표 프로젝트	서림연가, 숨어반, 어프로치커피, 이도커피 사유점, 이솝 성수, 카페산

주식회사 에이치이에이 HEA

자연과 도시 사이의 균형점을 모색하며 조경을
오감으로 경험할 수 있도록 새로운 방식을
고민하고 도전하는 디자인 회사이다. 건국조경과
오픈니스 openness, 식물감각과 함께 세심하고
감각적이면서 합리적인 자연을 만들어가는
'자연 감각'이라는 브랜드십을 공유하며 설계,
유통, 시공, 유지관리까지 조경의 전 과정에 통합
솔루션을 제공한다.

대표번호	02-3472-1104
이메일	info@h-e-a.co.kr / heagroup@naver.com
홈페이지	www.h-e-a.co.kr
주요 업무	조경 설계, 유통, 시공, 유지관리
대표 프로젝트	글빛누리공원, 대유평공원, 조치원문화정원, 제주 스타빌 리뉴얼

㈜제이더블유랜드스케이프

2014년에 설립되어 공원, 광장 등 공공 공간의
설계와 주택, 업무시설, 호텔의 외부 공간을
설계·시공한다. 간결하고 심미적인 설계언어를
통해, 대상지의 문제를 해결하고, 나아가 동시대의
격조 있는 문화 산물로 인식될 수 있도록 합리적인
경관 배치와 감각적인 공간 연출을 추구한다.
더불어 클라이언트와 이용자 모두의 요구에
절묘하게 부합하며 원활하게 작동하는 공간을
구현하기 위해 힘쓴다.

대표번호	02-878-4883
이메일	jwlandscape.net@gmail.com
홈페이지	www.jwlandscapo.not
주요 업무	정원·조경 설계, 시공, 관리
대표 프로젝트	우란문화재단, 제주도 상예동 근린시설, 코너25

실외 조경의 재료

조경을 구성하는 재료인 수목, 시설, 돌에 관한 종류와 함께
이를 취급하는 기업을 소개한다.

시설물

조경 설계시 녹지를 채우거나 비우는 과정에서 화단, 퍼걸러, 수경 등의 다양한 시설을 설치하여 경관을 풍성하게 만들 수 있다. 그 종류로는 식재시설, 수경시설, 안내시설, 휴게시설, 편익시설이 있다.

식재시설

조경수를 심을 때 경치를 아름답게 혹은 수목을 보호할 목적으로 화분 및 화단을 조성하거나 수목보호대를 설치한다. 대형 화분인 플랜터Planter, 가로등걸이화분, 난간걸이화분 등의 형태가 있다.

수경 시설

물을 주 재료로 하는 경관시설이며, 분수, 수로, 인공적으로 조성한 생태연못, 폭포, 호수가 있다. 더 나아가, 관광지와 같은 곳에서는 음악분수나 미디어분수 등 특수분수를 활용하기도 한다.

안내 시설

주거 단지, 공원, 광장 등 많은 사람이 이용하는 공간에 필수적으로 설치해야하며, 시각적 불편함이 없도록 디자인해야한다. 동선 유도표지, 해설표지, 종합안내표지, 도로표지 등이 있다.

©Kevin Yuan

휴게시설

퍼걸러Pergola, 로툰다Rotunda, 벤치, 그늘막, 야외탁자 등과 같이 쉼을 위해 조성된 시설이며, 주변경관이 뛰어난 곳에
설치한다. 공원이나 광장 등에서는 다수를 수용할 수 있는 조합형 시설물을 활용하기도 한다.

편익시설

공공적 성격이 강한 시설이며, <도시공원·녹지의 유형별 세부기준 등에 관한 지침>에 따르면, 타 도시지역 주민들까지
이용대상으로 포함한다. 울타리, 난간, 담장, 전망대, 볼라드, 음수대, 화장실, 자전거보관대 등이 있다.

놀이시설

그네, 시소, 정글짐, 수평대 등 어린이들을 위한 놀이시설로서,
환경 안전 관리 기준을 준수하여 설치·유지·보수해야한다.

경관조명

야관경관을 위해 안전 및 연출을 목적으로 설치하는 조명이다.
공원과 같은 개방공간open space조명, 건축조명, 안전을
최우선으로하는 도로조명 등이 있다.

취급업체

업체명	홈페이지	전화번호/이메일	취급제품
(주)한설그린	http://www.hgreen.com	(서울본사)02-3411-0898 (판교)031-705-0898	그린블록, 플랜터, 식생매트, 퍼걸러, 울타리 등
미주강화(주)	http://www.ecorock.co.kr	(본사)02-475-1736 (공장)031-762-4380	인공폭포, 인조암, 조형물 등
아트스프링(주)	http://www.artspring.co.kr	(본사 및 연구소)031-577-7501 (서울사무소)02-549-7301	분수대
줌톤 ZOOMTONE	http://www.zoomtone.co.kr	061-754-8114 info@zoomtone.co.kr	스톤벽화, 휴게시설, 조각상, 벤치, 볼라드 등
디자인나눔 DESIGN NANUM	http://www.d-nanum.co.kr	02-2672-2266 nanum2010@nate.com	벤치&테이블, 퍼걸러, 화단, 자전거보관소, 쓰레기통, 볼라드, 울타리 등
라움하우스 RAUMHAUS	http://www.raumhaus.co.kr	02-334-0426 raumhaus@naver.com	로툰다, 퍼걸러, 벤치&테이블, 자전거보관소, 재활용보관소 등
스페이스톡	https://www.spacetalk.co.kr	02-525-3274 master@spacetalk.co.kr	퍼걸러, 벤치, 자전거 거치대, 쓰레기보관대 등
비엔지(주) BnG	http://www.toryi.com	031-708-0694 bg21@chol.com	조합놀이대 등
(주)자인	http://www.dezain.co.kr	02-6289-5100, 5101, 5103 zaingroup@naver.com	퍼걸러, 벤치, 볼라드, 울타리, 쓰레기통, 화단, 안내시설 등
가남테크(주)	http://ganamtech.co.kr	031-948-6767 ganamth@naver.com	문화재안내판, 울타리 등
(주)일진글로벌	http://www.iljinglobal.co.kr	032-566-6611~3 iljinglobal@hanmail.net	화단/화분, 조경시공 등
(주)세민조경	http://www.seminland.co.kr	(인천사무실)032-466-8304~5 (김포 공장)031-989-8304	조합놀이시설, 퍼걸러, 벤치 등
(주)예건 YEKUN	https://yekun.com/kr	031-943-6114 yekun@yekun.com	퍼걸러, 벤치, 테이블세트, 울타리, 자전거보관대, 재활용보관소, 어린이 놀이시설물 등
모나디자인 mona design	http://www.monadesign.co.kr	02-338-2882 wts@wonnts.com	환경시설물, 놀이시설물
에넥스트 ENEXT	https://www.e-next.co.kr	1544-9611	휴게시설, 놀이시설, 운동시설
로프캠프 ropecamp	http://www.ropecamp.com/kor	051-728-5618 rope@ropecamp.com	조합놀이대
(주)디자인파크	https://www.designpark.or.kr	1577-0343 dp566@hanmail.net	운동시설, 놀이시설, 휴게시설 등
휴플러스	https://blog.naver.com/huplus77	061-724-4435 huplus77@naver.com	놀이시설
(주)베타룩스 BETALUX	https://betalux.co.kr	02-408-3678 betalux@daum.net	정원조명(잔디등, 투시등, 데크등, 지중등)
대신전기조명	http://www.e-dsl.co.kr	031-764-0647 sks6743@hanmail.net	공원등, 가로등, 경관조명, 잔디등, 보행등

조경수[1]

자연발생된 종이 아니면서, 땅을 덮거나 경관을 위해 심는 식물이다. 목적과 기능에 따라 단식, 열식, 대식 등 다양한 형태로 식재한다.

교목류/관목류

사계절 내내 푸른 잎을 가진 상록교목과 가을에 잎이 떨어져 봄에 잎이 나는 낙엽교목이 있다. 관목류는 교목보다 키가 낮고 나무 줄기가 지상에서부터 다수로 갈라져 중심줄기와 가지의 구별이 명확하지 않다는 특징이 있다.

초화류

정원, 공원, 도로변, 건물, 주택단지에 이르기까지 화단을 조성하여 식재하는 방식으로 우리에게 익숙하다. 조경에서는 일반 원예에서 취급하지 않는 관상가치가 높은 것을 이용한다.

지피식물

지표면을 덮기 위해 사용되는 키가 작은 식물을 뜻하며, 잔디가 대표적이다. 한편, 줄기에 목재를 형성하지 않지만, 잔디보다 키가 큰 초본(草本)류가 있다. 형태를 기준으로 초장 20cm 이상 생장하는 단립형과 20cm 이하로 생장하는 분지형으로 구분된다.

1) 조경수: 이번호의 <조경에서 만나는 대표 식물 50선>에서 구체적인 수종을 살펴볼 수 있다.

관상용 그라스

가늘고 긴 잎을 가진 식물로 경관 연출에 사용하는 벼과, 부들과 등에 속하는 식물이다. 과거에는 벼, 밀 등과 같이 주로
식용, 사료용 등으로로 길러졌지만, 현대에는 세계적으로 정원의 가장 중요한 소재 중 하나로 자리하고 있다.

취급업체

업체명	홈페이지	전화번호/이메일	취급제품
(주)가나안건설	http://www.cna21.com/	02-2040-7722 cna1667@gmail.com	인조암, 소나무
(주)조경수거래소	http://treesale.co.kr	010-3087-5677 treesale@naver.com	조경식재, 관리 및 유통 등
일송농원	http://blog.naver.com/cbg43	010-9441-5152 cbg43@naver.com	정원수(단풍, 소사나무, 매화 등)
대림원예종묘농업회사법인(주)	https://www.dailimseed.co.kr/?r=home	02-575-5933~5 info@dalimseed.co.kr	조경수, 과실수, 상토 등
(주)대지개발	http://www.lifesoil.co.kr	(본사/공장)041-581-4432 (서울지점)02-832-3500/4449 daeji3500@hanmail.net	인공토, 생명토, 비료, 이탄, 대형수목이식, 부엽토
엘그린	http://www.lgreen.co.kr	02-572-8643 lgreen8643@naver.com	신품종 잔디(세녹, 밀록, 세밀)
대한종묘조경(주)	http://wfw.co.kr	02-782-2987 wfw@wfw.co.kr	지피식물
우림원예종묘	https://www.woolimtree.com	(대표번호)1668-5291 (도매센터-본사)02-579-0443 (소매/택배)02-504-0445	조경수, 과실수, 지피식물 등
한국원예종묘	https://www.seedling.kr	063-242-2082 korea2581@naver.com	과실수, 조경수, 초화류 등
시즌플라워	https://seasonfl.com	010-8754-8337 seasonfl@naver.com	묘목, 꽃모종, 그라스 등

석재

석재는 견고하고 미관이 뛰어나 수목과 물을 비롯한 자연재료로써 경관을 다채롭게 만들어준다. 조경석부터 경계석, 담장석, 계단석, 분수대, 조형물까지 여러 형태로 활용된다.

조경석
조경에 조형미를 더하기 위해 사용하며, 수목과 함께 배치하기도 한다. 일반적으로는 가공 조경석이 가장 많이 사용되고, 산에서 채석한 자연조경석, 하천에서 채집한 물돌, 1.5m 이상의 산벽석 등이 있다.

경계석
땅을 구획하여 조경에 선적인 요소를 더하거나, 기능적으로 작용하는 돌이다. 녹지면 또는 화단, 도로, 인도의 경계를 나타낼 수 있고, 구획 목적에 따라 기능분리, 재료분리, 식재분리 형태로 나뉜다.

디딤석
발로 딛고 다닐 수 있도록 설치한 평평한 돌이다. 하천이나
진흙이 생기는 곳에 배치하거나, 조형미를 더하기 위해 꾸밈돌로
놓는다.

취급업체

업체명	홈페이지	전화번호/이메일	취급제품
미진석재 MJIN STONE	http://www.mijinstone.com/	032-881-4511 mijinind@naver.com	현무암 판재, 디딤판, 사구석, 벽돌, 자갈,경계석, 담장석 등
(주)우드스톤	http://woodstone.kr/wshop	031-334-6664 woodday3@nate.com	목재, 메탈사이딩, 석재 등
남경통상	https://blog.naver.com/leebae34	051 254 3381 / 070 7566 9851 baelee34@naver.com baelee34@hotmail.com	조경석재, 건축석재
(주)에코하이테크	http://eco-hitec.com	041-543-8877 ecohitek@naver.com	화강석, 석재 조형물, 식생블록 등
(주)석향조경석	http://www.ks7.co.kr	031-775-3070 ks7cokr@naver.com	담장석, 석조각, 경계석, 조경석 등
온양석산	http://www.stonegold.co.kr	041-546-1252 stone1255@naver.com	담장석, 조경석 등
(주)아라개발	http://www.chejuara.co.kr/index.php	064-783-9191~2 064-782-0067~8 jejuara9191@hanmail.net jejuara9192@kakao.com	제주석, 경계석, 건축석, 보도판석 등

참고자료

단행본

- 국립수목원, 『가드너 다이어리』, 지오북, 2015.
- 오경아, 『식물 디자인의 발견』, 궁리, 2021.
- 오경아, 『정원생활자의 열두 달』, 궁리, 2018.
- 정계준, 『정원수로 좋은 우리나무 252』, 김영사, 2019.
- 이명우, 『조경계획』, 기문당, 2021.
- 임승빈·주성하, 『조경계획·설계』, 보문당, 2019.
- Astrid Zimmermann, 동심원조경기술사사무소 옮김, 『조경 상세 설계와 시공』, SPACETIME, 2010.
- 이상석, 『조경재료학』, 보문당, 2013.
- 김아연 외 8명, 『처음 만나는 조경학』, 일조각, 2020.
- Ian Spence, 『RHS Gardening Through the Year』, Dorling Kindersley, 2018.

논문

- 홍석환 외 2명, 「가로녹지 및 건물 높이가 미세먼지 농도에 미치는 영향」, 『한국환경생태학회지』, 2020. 10. pp.466-482.
- 최영준, 「국내 복합상업시설 외부공간의 특성과 변화양상」, 『한국조경학회지』, 2020. 10. pp.89-106.
- 이재호·김순기, 「도시공원의 필수 설계요소 추출」, 『한국조경학회지』, 2018. 12. pp.41-48.
- 차재규 외 3명, 「도시열섬현상 완화를 위한 녹지네트워크 및 바람길 구축」, 『한국지리정보학회지』, 2007. pp.102-112.
- 허희염·김진오, 「미세먼지 저감을 위한 식재기법 및 도시 녹지계획 방향」, 『한국조경학회지』, 2017. 12. pp.40-49.
- 오창송, 「우리나라 도시공원 관련 초기 법률 입안과 「공원법(1967-1980년)」 시행과정에서 나타난 유보지로서 도시공원에 관한 제도의 문제」, 『한국조경학회지』, 2018. 06.
- 유주은, 「조경전문잡지를 통해 본 조경시설물의 변화 및 요인 연구」, 『한국조경학회지』, 2015. 10. pp.111-120.
- 김장훈, 「국내 유통 관상용 그라스의 현황 및 특징 분석」, 『한국조경학회지』, no.5, pp.151-162, 2021.
- 신상섭, 신병철, 「전통조경 재료 및 시공에 관한 기초 연구」, 『한국녹지환경디자인학회』, pp.28-37, 2008
- 윤중서, 「조경과 잔디」, 『공원문화』, no.81, pp.45-46, 2006

보고서

- 이상민·김영현, 『도시 공공공간 확보 및 질적 향상을 위한 공개공지 제도 개선 방안 연구』, 건축도시공간연구소, 2012.
- 이은엽 외 7명, 『조경유지관리 최적화를 위한 관리기준과 개선방안 연구』, LH토지주택연구원, 2018.

웹사이트

- 국가법령정보센터 www.law.go.kr
- 국가생물종지식정보시스템 www.nature.go.kr
- 더가든 www.facebook.com/thegarden07
- 디자인스튜디오 로사이 designloci.com
- 라펜트 www.lafent.com
- 씨토포스 www.ctopos.co.kr
- 안마당 더 랩 anmadangthelab.com
- 이대길스튜디오 daegillee.com
- 제이더블유랜드스케이프 www.jwlandscape.net
- 주식회사 예건 yekun.com
- 환경과 조경 www.lak.co.kr
- 환경부 국립생물자원관 www.species.nibr.go.kr

건축재료 처방전

<감 매거진GARM Magazine>은 자신의 공간을 스스로 만들 수 있는
최소한의 방법을 안내합니다. 그 시작은 건축의 가장 작은 단위인
재료에 대한 고찰입니다.
'감'은 순우리말로 재료를 뜻합니다. 감의 씨앗인 '감씨garmSSI'는
감 매거진을 만드는 에잇애플8apple의 출판 브랜드로, 당신의 공간에
적합한 재료를 소개하고 더 나아가 개인의 창조력을 현실화하는
방법을 함께 논의합니다.